MATSUURA
YATARO

[日] 松浦弥太郎 著

陶芸 译

天津出版传媒集团

天津人民出版社

图书在版编目（CIP）数据

正直/（日）松浦弥太郎著；陶芸译. -- 天津：天津人民出版社，2019.9
ISBN 978-7-201-15122-9

Ⅰ.①正… Ⅱ.①松… ②陶… Ⅲ.①人生哲学-通俗读物 Ⅳ.① B821-49

中国版本图书馆 CIP 数据核字 (2019) 第 175521 号
中国版权保护中心图书合同登记号 02-2019-174 号

SHOJIKI by Yataro Matsuura
Copyright © 2015 Yataro Matsuura
All rights reserved.
Originally published in Japan by KAWADE SHOBO SHINSHA Ltd. Publishers, Tokyo.

This Simplified Chinese edition is published by arrangement with
KAWADE SHOBO SHINSHA Ltd. Publishers, Tokyo c/o Tuttle-Mori Agency, Inc., Tokyo

正　直
ZHENG ZHI

[日] 松浦弥太郎　著　　陶芸　译

出　　版	天津人民出版社
出版人	刘庆
地　　址	天津市和平区西康路 35 号康岳大厦
邮政编码	300051
邮购电话	（022）23332469
网　　址	http://www.tjrmcbs.com
电子信箱	reader@tjrmcbs.com

监　　制	黄利　万夏
责任编辑	玮丽斯
特约编辑	曹莉丽　孙建　车璐
营销支持	曹莉丽
版权支持	王福娇

制版印刷	天津联城印刷有限公司
经　　销	新华书店
开　　本	880 毫米 ×1230 毫米　1/32
印　　张	6.25
字　　数	90 千字
版次印次	2019 年 9 月第 1 版　2019 年 9 月第 1 次印刷
定　　价	49.90 元

版权所有　侵权必究
图书如出现印装质量问题，请致电联系调换（022-23332469）

前言

某日某时你有所感知的事情，时过境迁后，又会觉得并不是那么回事。但是，再次回首，这一个一个的感知又多多少少成就了一个现在的你。其中，有欢欣雀跃之喜，也有痛哭流涕之悲，有成功也有失败，可谓酸甜苦辣咸，五味俱全。它们不知不觉已深深埋藏于你的内心深处。

我想将埋藏于记忆深处的这一人生轨迹一点点挖掘出来。为什么呢？因为我想用自己的方法，将自己的所见所感，以及遇到困难时自己怎么一步一步跨越障碍的过程进行梳理，并将之呈现出来。首先，就是整理成册，然后认真面对。

之所以这么做，主要是希望在我决定迈出下一步之前,能够对自己的人生态度再一次进行深刻反思,进行改善。所谓改善,并非对过去的自己全盘否定。我今年已经四十九岁了,明年将迎来知天命之年。五十岁之后的人生,我到底应该怎么过?我希望能够丢弃一直以来的惰性,我希望能够认认真真地进行一次彻底反省,在必要的时候对自己过往的言行进行修正。如同给蒙上一层灰尘的眼镜擦拭一样,擦掉自己身上的灰尘和污垢,然后迈出崭新的一步。

这并不是责怪自己的缺点,强行对自己的缺点进行修正。我承认自己的缺点,我希望在了解自己缺点的基础上进一步挖掘自己的潜能。

三十岁有三十岁的信念,四十岁也有四十岁的坚持。因此,我想试着唤醒深藏于内心的本性——正直,这也是本书的书名。

我虽然有这个想法,但是,我不知道能否将自己的所见所感、遇到困难时披荆斩棘的过程分毫不差、简单明了地呈现出来,有点摸着石头过河的感觉,又有点担忧不能尽显事物的真谛。但是,我想我的这些心得说不定能和不少朋友分享。

也许有朋友会说："我也遇到过那种事！""我也一样！""我当年那样想，所以就变成这样了！"如果能够和读者诸君共同分享我这些自认为宝贵的东西，能够给大家一些鼓舞和力量，我将不胜荣幸。

我认为能够给大家许多启迪的，不是成功之谈，更多的应该是失败，是心酸，是羞辱。

学习当中最重要的一条是：这个世界所发生的一切、万物的存在都和自己息息相关！

也许大家会说，那跟我毫无关系。但是，你一旦说出口，也就等于你丢弃了自己的人生。

一切都会和自己息息相关，不会没有关联。如果你时时都抱着这种态度，你就会有强烈的学习欲望，会对世界充满好奇心。对事物毫不关心是件可怕之事，在我们的人生中一定要将"一切都会和自己息息相关"这一点摆在首要位置。对此，如果理念不同，我想各人的成长将会是天壤之别。

生活在当今时代，我认为我们还需要加以注意的一点就是，不管是工作还是生活，我们很容易"自我满足"。比如，"今天我也很认真""我非常用心了"。这是一种非常好的意识，但是，你将这种"很认真""非常用心"看成仅是自己的幸福，或者仅是自己的正确之举，这样会使你陷入"自我满足"的陷阱，需要加以注意。如果可能，我希望我们能往前再迈一步。那就是，想想你为什么要那么认真，为什么要那么用心。在这种疑问之前，你会想到纷扰繁杂的社会，想到芸芸众生。我认为想到这些是至关重要的事情，这样你自然会感觉到万物众生、人间世相皆与自己息息相关。只有摆脱"自我满足"，开阔眼界，考虑万事万物的关联性，才会形成良性循环，最后这种良性循环不知什么时候又会惠及你。

我想反复强调，不管是事业还是生活，一定不要拘泥于"自我满足"。为此，我们到底应该怎么做，我希望通过此书和大家进一步探讨。

『成功的反面不是失败,而是什么都不做。』

目 录
contents

前言 001

1 • 永远不会和你分手的人,是你自己 001

2 • 一对一的关系是交往的基本 009

3 • 打破常规 018

4 • 置之死地而后生 023

5 • 坦诚、亲切与微笑 029

6 • 寻找最佳击球点 035

7 • 一切都值得尝试 042

8 • 我的魔法语言 050

9 • 拥有健康的欲望 055

10 · 让别人看到你已全力以赴　060

11 · 推销商品，不如推销自己　067

12 · 约定好下次见面的时间　074

13 · 优秀的人更注重言行礼仪　082

14 · 所有的工作，都是在帮助别人　088

15 · 在心理上永远保持年轻的秘诀　093

16 · 日常即工作　100

17 · 提高工作的精准度　110

18 · 别把大显身手当作目标　114

19 · 一切都与你息息相关　118

20 • 永远坦诚以待　*125*

21 • 不要过于开动脑筋，要尽量走心　*132*

22 • 一筹莫展也挺好的　*138*

23 • 能帮你的人才是人脉　*143*

24 • 比喜欢或厌恶更重要的东西　*150*

25 • 珍惜能好好吵架的朋友　*156*

26 • 时间无法衡量缘分　*163*

27 • 亲密关系禁不起疏远　*168*

28 • 时时审视自己　*175*

结束语　*181*

1

永远不会和你分手的人，
是你自己

如果你孑然一身，你可以天马行空，四处闯荡。

当我明白这一点的时候，我突然有了一种全身轻松、得以解放的感觉，也预知到我将进入一个崭新的世界。

这种感觉在我少年时就已经刻骨铭心，从那以后便成了我思想的核心。在我人生的指南针上，有一个永远都不会改变的位置，它深深地刻着：你是独自一人。这种"你是独自一人"的不安感、孤独感对于年轻人来说可以轻易战胜。因为，年轻人拥有只有年轻人才会拥有的心理素质和身体，他们可以轻易地以"我要自由"这个理由来克服这种不安和孤独。

我出生于东京中野的锅屋横丁。由于靠近新宿歌舞伎町①，这一带仍保留了非常浓厚的平民区特色。我是在一个类似于大杂院的公寓里长大的。

我们住的公寓，厨房面积仅为两块榻榻米②大小。虽然有厕所，但没有浴缸。寝室面积只有六块榻榻米大小，父母、姐姐和我四人就睡在这间小小的屋子里。到了早上，就得赶紧把被子叠起来。因为这间屋子既是我们的起居室，又是孩子们的玩耍间，还是我们的客厅。我这样仔细地描述，大家可能会觉得我们的生活很贫苦，但是，在那个时

---

① 东京的娱乐中心之一。
② 日本榻榻米的传统尺寸是长1.8米、宽0.9米，一块榻榻米面积为1.62平方米。

代，这样的生活是不足为奇的，没有什么特殊之处。

我们所在的公寓一共有八户人家，有不少同龄的孩子。不管是同岁的，还是稍稍大点的，或者小点的，大家都在一起玩耍。不管什么时候，你的旁边总不会缺少玩伴。

住在公寓的人关系都十分融洽。即使是大人，也可以自由出入别人家，可以说别人家抽屉里放了什么东西，大家都了如指掌。

不管是去小巷子还是公园、闲置的空地，甚或是车站内的糕点店，只要是在家的周边，去哪儿都没有不认识的人。邻居家晚上做的是土豆烧牛肉，楼下那家夫妻老吵架，转弯那家的姐姐又被她妈妈骂了。总之，生活中的琐事全员知晓，没有秘密。

对于你的世界，谁都了解。一般来说，这是一个温馨的世界，会给人一种安心踏实的感觉。

不过，在我大约小学五年级的时候，这种安心感变成了一种厌恶感。

这种厌恶感可能起源于孩子气，起源于一些毫不起眼的小事。比如，我想去打棒球，但是我的好朋友们想玩躲避球游戏①，所以没办法，只好跟他们一起去玩躲避球；再或者，自己想一个人用球击打墙面来练球，别人却邀请你去玩别的，你顾及同伴的面子，就只得放弃自己的喜好。

虽然这说不上是不自由，但是这也不能说是自由。当年，我根本还没有"隐私"这一概念，只纯粹地认为这是一种由"黑暗潜规则"操纵的封闭社会，对此感到特别厌恶而已。我对之前总在一起的好朋友，也开始觉得讨厌。这也许是每个人在成长时期都会体验到的事情，到了一定时期，便开始讨厌人与人太过于亲近。

我小时候倒没有经历过特别与父母作对的逆反期，但是，却有点讨厌自己所在的这个社区。从某天开始，我突然就不在我们街道玩耍了，喜欢一个人骑着自行车去外面游荡。

我骑着自行车，哪儿都去逛，到处去冒险。骑着骑着，就感觉自己进入了一个全新的世界。越走进这个全新的世

---

① 一种由两队人交替互相掷球，被击中人出局的游戏。起源于英国，1900年左右盛行于美国，于1913年起被列为日本学校体育项目。

界，就越来越感觉到自由空间的宽广。

没去过的公园、未知的喧闹街道，我都会远足前行。

我所居住的地方，新宿的歌舞伎町以及中野百老汇[①]都近在咫尺，若稍稍再往前迈几步，便可以到涩谷[②]、原宿[③]。另外，如果跑习惯了，花上一个小时还可以到池袋[④]。如果想去看巨人队的（棒球）训练情景，也可以花上半天的时间去多摩川运动场观看。

由于是一个人行动，所以，你用不着和谁商量要去哪里。

也没有必要一定要听从比自己大的小伙伴的意见，去附近的空地玩耍。

你可以自己一个人决定，一个人出行。

[①] 一间汇集了动画、漫画、偶像、PVC手办、稀有玩物、电器以及日本流行文化商品的室内商场。
[②] 日本著名的繁华街区。
[③] 日本著名的"年轻人之街"，东京时尚的核心。
[④] 继新宿、涩谷之后具有代表性的东京又一著名商业区和交通枢纽站。

你可以自己一个人到处闲逛，然后一个人回来。

由于是孩子，没有什么特定需要做的。你既没有钱，也不知道怎么花钱。只是骑着自行车闲逛而已。

但是，你走得越远，你的内心也就会越兴奋。当你看到了一个和以前完全不一样的世界的时候，你会觉得欣喜异常。

朋友，你有过"独自一个人"经历的事情吗？

很多人可能都不喜欢独自一个人去购物，去吃饭。即使我们在工作、学习，甚或应该独立去完成某项工作的时候，也有不少人希望有个同伴。

偶尔变成一个人的时候，也会有不少人开始介意周围人的看法，怕他们说自己"这人没有朋友，这人很孤单"。也就是说，有一些人就是干什么事情，都一定要找人交换一下意见，保证自己和大家都一样。

但是，这个世上并非只要有同伴，他就能帮你解决所有的问题。

自己的不合群，自己的孤独，不会因为跟着谁就会烟消云散。

反正，我个人是这么认为的。至少我还认为：如果你想按自己的方式生活，想实现自己的梦想，你更加不能够依靠任何人。

成年以后，我终于明白我孩提时候做得比较好的就是：我是独自一人。这并非我多么优秀，也并非我深思熟虑。那只不过是孩提时候知道了一人独处的快乐——虽然不久也体会到了一人独处的艰难。然后，不知不觉就领会了这一点：不管和谁在一起，都应该是一个独立的人。

我觉得当你在面对某人之前，首先要面对自己。你只有对自己感兴趣，觉得自己有意思，才会对别人感兴趣。

对你来说，你的朋友就是你自己。

"独自一人"没什么不好，希望大家接受这种观点。这不是只拘泥于自己，而是对自己的直接审视，对真实的自己有一个深刻的了解。我认为这是感受一切美好事物的开端。

至少可以说,不论是谁,一生中永远不会和你分手的人,是你自己!

对人微笑请从对自己微笑开始。

2

一对一的关系是交往的基本

我不管开始着手什么事情,最初考虑的一点便是:建立一对一的关系。

做任何事情都从一对一开始。这虽是理所当然的事情,但我认为,有无这种意识,会产生天壤之别的结果。**如果是一对一,那么一定会产生一个约定。这个约定不一定是语言上的约定,也有可能是相互之间心灵上的约定。如果这个约定得以实现,你便向前迈出了一步。**

我认为，一对一与其说是和人对峙，还不如说，对人来说，最基本的态度应该是建立一对一的关系。

孩提时代骑自行车的冒险若夸大其词来说，是将自己作为一种"异类"抛到了一个不为人知的地方。

到了一个不为人知的地方，呼吸不同的空气，畅饮不同的河水，你便会感觉自己似乎也变成了另外一个人。

但是，如果认真思考，你会发现，对于外面世界的人来说，空气和水任何时候都是一样，没有变化。因此，只有我们自己才会觉得自己是"异类"。我到了国外，会觉得"到处是外国人"；但是对于外国人来说，我才是真正的外国人。

总之，我是一个对不同的世界充满了好奇心的人。五岁左右，我便开始一个人去澡堂，但并不是对我去过的所有澡堂都特别熟悉。因为，半径五百米以内的澡堂当时有三四个，我每次都是根据自己的心情决定去哪儿泡澡。如果去稍稍远一点的地方泡澡,你肯定会在那儿碰到不同学校的孩子们,好像每个地方,都是居住在此地的孩子们自己圈起的地盘似的。

但是,对于只有单独一人的我来说,在别人的眼中,自然而然就是一个"异类"。对于这种和周遭世界的不协调,以及没有同一感,我个人倒觉得挺有意思的。

一个人去某个不为人所知的地方,总会感觉心情愉悦。可以不阿谀奉承,也可以不把关系弄得过于亲密,可以随性地建立自己的居所。如果能够很好地融入这个地方,你便不会失去自我。 我就是在小学的时候找寻到这个秘密的。

如果骑着自行车去外面的公园(超出我们的地盘)玩耍,公园地盘上的孩子就会对我加以戒备。

他们会偷偷观察我——好像"来了一个以前没看到过的家伙"。

他们一般为一群人,或者是两个人,我和他们搭话,通常情况下他们都不会理睬我。虽然他们不会欺负我,但是他们会以拒人于千里之外的态度来进行自我防卫。不管是去公园,还是去繁华街道,我跟同龄的孩子打招呼,基本上都是以失败告终。

我一直都不喜欢这种感觉。有一天，我终于找到了解决这个问题的途径，那就是，如果你认真去寻找，你一定会发现一个孤单的小孩。一次我有意识地寻找到一个孤单的小孩并且和他搭讪，最后，没想到的是，我们竟然展开了对话。

我问："你几年级？"

他回答："六年级。"

"是吗？我是五年级的。你在做什么？"

如果是一对一交往，就不会有心理抵触，也能顺利地开展对话。虽然都是一些孩子式的对话，却是双方真真实实的反应。

当对方有很多人的时候，我一个人前往，别人对我基本上是不予理睬的，但如果是一对一的情况，就不会有问题。

如果是走在街上，一个群体对另一个群体，也许会构成对立的形势。不过，总的来说，只要是一对一就没有问题。尽管这只能说是一个小小的发现，但对于我个人而言，即使到了现在，也是一个很大的发现，是一个堪称宝贝的秘诀。是的，如果你是独自一人，你便会有很大的自由发展空间。

我从高中退学后去美国的那段时间，正好是十几岁至二十来岁的青少年时期，都是用这种方法来寻找我的居所的。

我会去我不知道的街道，然后开始寻找可以搭讪的朋友。我首先盯上的是"独自一人"，一人对两人不行，两人对两人也不行，一人对三人也不可以。但是，如果是一对一的情况，那么，人际关系一定会构建起来。

在经历了不知多少次失败与成功之后，我渐渐感受到了这种做法的良好效果。那就是，不管去哪儿，首先找到一个单独的人，然后和他一对一地进行交往。这样，一般就不会出现问题。

在外来移民众多的美国，和不认识的人坦诚地打招呼是他们的习惯。同乘一辆电梯会打招呼，擦肩而过也会对不认识的人很轻松地说出："你的衬衫真漂亮。"这样，听到的人会受到鼓舞。我到了美国后，也越来越喜欢构建这种一对一的人际关系。

当然，不是所有的一对一都会有一个圆满的结果。

比如，有一次，一个我不认识的女人以一种老朋友的口吻打来电话。当时我正处于孤独之际，那个女的对我说："如果你方便，咱俩就去看场电影吧！"我自然心旌摇荡，兴高采烈地跑到了约好的地方，不想对方是三个人在等着我。最后，被她们狠狠地宰了一刀，我被迫给她们买了不少昂贵的物品。对我来说，这是一次非常痛苦的记忆。

对于这件事情，后来我也很能够理解："这也怪不得谁，主要是因为自己的疏漏，才给了别人可乘之机。"

"如果不是一对一，一般难有进展。"

在职场上，对此，我更有感触。当你想提出某个方案，想推销你的某一商品时，你会和中间人一同前往，或者和睿智的人组成团队一同前往，这也一定会达到一定的效果。但是，一个项目，如果总是好几个人一同行动，非常遗憾，其进展都会比较迟缓。

由于各自的责任分散，大家的进取度也有所不同。

另外，希望以一种非公开的形式来推进相互关系的情形也大致相同。这边两三人和对方两三人进行交谈，基本上可以说谈不出什么结果。有时候可能会聊得很热闹，但那也仅仅限于聊的时候，其实，双方基本上感觉不到有所收获。

有时候，"共有"相反还会成为一种羁绊。信赖、理解、约定、共鸣都只产生于一对一的时候。

即使是在百分之百没有希望的情况下，但只要我下定决心，我都会去尝试，不管采用什么样的方法。我用得最彻底的还是一对一这种方法。人和人相对而坐，相对而视，相互交谈，自然会打开相互的心灵。我深信只有一对一才能达到这种效果。

比如，我打算向否定我的人传达我的想法，或者是想说服某人的时候，我会努力去创造一个一对一的交流环境。

在交涉过程中，很多情况都不知道结果如何，很多情况也可能不会如你所愿。因为，对方也有自己的情感，也有自己的立场。但是，如果是一对一，不管是怎样的结果，互相都会对对方有所理解。即使没有成功，你也会觉得自己已经尽力而为了。

如果说得比较极端，即使是总理或者是总统，如果是一对一，也许你和他的谈话也会产生有趣的话题。在没有秘书、亲信、工作人员的房间，如果就你们两人交谈，也会产生只有你们两人才共有的秘密。

不管是和多么伟大的人，或者是处于什么高位的人进行一对一的交谈，如果你能重视你们一对一时产生的哪怕是"极小的约定"，这以后，一条新的道路都一定会在你的脚下延伸。我认为，一个人的力量是无可匹敌的。

如果你在一条不熟悉的街道上散步，遇到了一位没有同伴的老人，你跟他打招呼，这就是一个很好的开始。你一个人去参加宴会，然后，和没有同伴的人搭讪，那么，这也是构建基本人际关系的一种方法。

所谓的人际关系是从一对一开始的。一对一是所有事情的基础，一对一里蕴藏着无限的生机。

我算得上是一个能耐得住孤独的人，这和性格没有关系。不管是害怕寂寞的人，还是自来熟的人，在人际关系方面，我认为都是从一对一开始的。

在人际关系方面，不管是密切地保持横向的联系还是纵向的联系，我认为这都很好。但是，要时刻记住自己是其中的一个点，只能以点的形式运动。也就是说，要时刻保持自己的独立，不要依存于任何事物。不管做什么，首先要进行独立思考，自己判断，自己行动。

以点来运动会让你步伐轻盈、游刃有余。

3

打破常规

我觉得没有比"通常"这个词更让我感到别扭的词语了。

这个词语就像咒语一样,类似一个箱子将我的个性禁锢起来。虽然说可能有很多人一直都安于"通常",但是"通常"到底又是什么呢?

"通常"和"非通常"到底有什么不同呢?"通常"就是前面已经出现过,大家都已经熟悉的情况。"非通常"就是还没有答案的情况。"非通常"对我来说,具有无限的可能并充满魅力。

我经常思索一个问题：我眼前所存在的事物，和世间所有的事物比起来，什么才算是"非通常"的？换句话说，我一直在思考到底什么才是新生事物。

也不知道是从什么时候开始，我养成了这样一个毛病，每次做事情的时候，似乎总有一个声音在耳边萦绕："通常来说，大家都不会这么做吧？""通常来说，大家都会这么做！""这才是通常的情况！"……

我不知道什么是通常，什么是非通常。我也对"非通常＝不好"这种说法有过疑惑。

虽然我一直都很尊敬自己的父母，也敬重身边的长辈们，但是对于他们经常挂在嘴边的"通常"这个词，我完全理解不了。

进入中学之后，"通常"具备了一种可称之为强制性的力量，变成了校规，老师们开口闭口都是"通常"。"通常"也等同于"××样子"的一切事物。比如，中学生要理中学生样子的发型,穿中学生样子的服装,有中学生样子的举止。虽然我对此无法理解,但是,在校园里,存在着凌驾于校规之上的"通常"。

大家通常都是穿这样的衣服,大家通常都是和朋友们这样玩,大家通常都是这样说话。虽然,没有任何人规定大家都得这么做,大家也更不可能把这些都记在自己的学生记事本上。但是,确确实实存在着凌驾于校规之上,牢牢控制着大家的"通常"。

就拿现在这个时代来说吧,玩大家都在玩的游戏,用大家都在用的软件,穿大家都在穿的衣服,这些事情都无声无息地带有一种强制性,悄悄地影响着大家。最近,出现了"同调压力"[①]这样一个词语,人们也开始慢慢使用这个词语。我却是在十几岁的时候,就已经感受到了被"通常"所掌控的这种"同调压力"的气氛,所谓"通常"也就是"大家什么都一样"。

---

① 日本心理学上的一个专业术语。所谓"同调",就是指在特定的环境下,自己会被迫与集体中的大多数人保持同调。这种"压力",近年来在少年和青年中有日趋严重的趋势。

因此，每当我看见那些常常将"通常"这个词挂在嘴边的大人时，就会不自觉地注意他们，并且心里很厌恶，很想对他们说："又这么唠叨！"

我认为这对于我和我的同学们来说，就是惯常的谎言。他们常常说："你不可以老是和别人的意见不统一。"他们的这种要求，其实就是让我们说谎。

事实上，本来就应该让大家拥有不同的意见，本来就应该百花齐放、百家争鸣。可他们偏偏还要故意让大家都沉浸在一种天下和谐、意见统一的氛围里。每当我遇到这种情形，都会觉得忍无可忍。对于我这种偶尔也会提出一些不同意见的人来说，很难让我勉强自己加入到这种大众的队伍之中。

虽然我没有做过什么坏事，也非不良少年，但我很喜欢那些自由奔放、放任不羁的人，并且和他们都成了很好的朋友。他们是一群不愿意被安上"通常"这个帽子的人，是一群若是谈到"通常"，就会忍不住发飙的所谓"不良少年"。他们是一群畅所欲言、天马行空的"问题少年"。但是，就是这样的他们，让我感觉到了他们的自由洒脱。我非常喜欢他们。不过，即使如此，我还是没有办法成为他们的死党。因为不管怎么说，那时候的我还是一个喜欢独处的少年。

当年，我的那些被称为"不良少年"的朋友们就是被排除在"通常"之外的一群孩子。我认为这也正是他们的魅力所在，让他们区别于其他人。长大之后，我开始认识到：其实敢于被排除在"通常"之外，也正说明了你对自己有信心，你发现了你独具一格的新能量。

从和大家一样的训谕中挣脱出来，开始走自己的路。这与年龄无关，这是自立，是寻找自我旅程的开始。说句实在话，我虽然也有过许多的担心，但最后还是不知在何时选择了摆脱"通常"的生活方式——一个人独自走自己的路！

4

置之死地而后生

"为什么？这是什么？到底是怎么回事？"

对世间所有的事物都感兴趣，都抱有疑问，这是我行走于世间最基本的姿态。同时我认为，这也是能打开世界大门的，被称作好奇心的魔法钥匙。

如果像小孩子一样单纯，总是一副不甚明了的样子去观察身边的事物，那么，答案往往就不止一个，而是充满了无限可能。因此，我们应该一直保有一份好奇心去关注身边的事物。同时，不要仅仅只凭自己的所见去判断，因为任何事物不仅有表象还有内涵，同时，还有横向、纵向等不同的观察角度。

每当别人说我"你还真是保有一份童真"的时候，我的内心都会有一种说不出的感觉。其实，我只是坚持寻求"真相"而已。

"为什么大人们要这么做呢？"

"为什么世间的人都是这样的呢？"

我很小的时候，就一直在思考这种问题。因为我是一个怀疑心很重的孩子，所以，那时候的我，总会用一种怀疑的眼光去看待周围的所有事物。

小时候，我一直认为存在着一个"绝对答案"，而且会由别人来教给我。就好比说，长鼻子的动物就是大象，天气寒冷的早晨要戴手套，1+1=2，云朵并不是棉花而是水蒸气凝结而成的团状物。

比我年长的孩子,以及姐姐、父母和老师们,都非常负责任地给了我这些"绝对答案"。

但是,不久之后,我终于发现,我所提出的一些问题,有很多就算是大人也回答不了。比如"人为什么要活着"这个问题。而且,随着年龄的增长,很多时候我无法满足于他们给我的"绝对答案",内心无法接受那些泛泛之谈。因此,我就会一直思考"真相到底是什么"。对于我的这种情形,或许不能说我是有怀疑心,应该说是猜疑心太重。这也导致我总认为,这个世界无时无处不充满着谎言。

也正是因为如此,我对世间的一切都充满好奇心。我喜欢走遍大江南北,喜欢仔细观察。

现在,回过头来看,我觉得我一直所追寻的"真相",是一件"很崇高、美妙的事情"。

我觉得在我的生活中,所谓"很崇高、美妙的事情",夹杂着我对绝对正确的追求,对生命的尊重,对普遍真理的坚信,对信念的憧憬。

我不知道究竟什么才是最崇高、美妙的。尽管如此,我还是经常被强制去做一些我并不觉得很崇高、美妙的事情。他们总是说:"不管怎样,这就是规矩,你必须遵守。"

在成长的过程中,或许我们每个人都会有这种感受,那就是学校里的规则并不一定就是完全正确的。

到底什么才是能够支撑我们一直活下去的信念?对于这个问题,我整日烦心。对于这个问题,没有人能够回答,抑或根本就没有答案。最后我得到的答案是,你只有自己去不断地感受和了解。

对于"这是什么""为什么"这类问题,不管你问了多少人,都不会有一个统一的答案。既然没办法相信任何一个答案,那么,剩下的便只有自己去感受、去了解这条路了。我想,对于人类来说,也正是在这个时候才会更深地体会到孤独。

但是,当年的我一点也没有感到寂寞,也没觉得我是孤零零的一个人。

我想那时我开始真正地面对自己,开始决定今后人生的方向,也就是不依附于外界,要重视自己的内心体验。

中学时,有一次我在突然觉得很"孤独"的瞬间,也突然一下子觉得很轻松。对于这次的经历，我至今仍记忆犹新。

在我人生很迷茫的时候，一次很偶然的机会，我看到了一句话："置之死地而后生。"

这句话给予了我无穷无尽的力量，让我满是阴霾的心灵再一次变得明亮起来。我认为，我一直坚信的"崇高美妙"都集中在这里。

低谷和巅峰通常是并存的，各自有自身的价值。这对于我来说，是对我人生影响至深的一个巨大的发现。这也类似于"善与恶""美与丑""正常与异常"的对立并存。

我们一直以来被灌输的思想就是：所谓"正确"就应该是"和大家搞好关系""注意自己的形象""考 100 分"。我们现在的这个世界，就是要求大家都冲向巅峰。

但不管是谁，有巅峰，就会有低谷！我认为正是如此，人生才会美丽。

我认为我们应该承认自身会有巅峰，也会有低谷。应该坦然接受，应该积极面对。我认为"置之死地而后生"

是一件非常美妙的事情。

在我构建"自己的规则"的时候,我的起点便是:我是一个巅峰与低谷并存的人。我以这种方式开辟自己的人生道路。

绝对正确的答案不存在于外界,只有靠自己不断摸索。规则不是别人给的,而是自己创造的!

5

坦诚、亲切与微笑

谈到"坦诚、亲切",这可谓我的人生准则,是我的目标,更是我人生的向导。此外,我还想加上一个词,那便是"微笑"。"坦诚、亲切与微笑",这就是我人生的座右铭。

小时候,我很喜欢读书,尤其喜欢读传记。野口英世[1]、林肯、居里夫人、甘地……这些伟人的传记我都读过。比起小说，我更倾心于传记所描写的传奇人生。虽说喜欢读书，但是小时候我也同样很喜欢打棒球、骑车兜风、出门玩耍。

我开始专心于读书是在中学时代。我带着各种各样的问题，开始在书中寻找"颜如玉"和"黄金屋"。

"从伟人的传奇人生中，从他们的一言一行中，我一定能得到启发吧！"每天我都怀着这样的心情走向图书馆。有时，甚至还逃课去书店蹭书看。

一开始，我基本上阅读的是传记，渐渐地，开始偏离了"正途"。我读了很多像戴尔·卡耐基和拿破仑·希尔这些堪称能挖掘自身潜力的鼻祖所创作的成功哲学。后来我还读了埃德加·凯西的精神哲学，最后甚至还涉猎了《圣经》和佛经。

本只想从书中寻得一星半点的人生启迪，没承想渐渐

---

[1] 被誉为"国宝"的日本细菌学家、生物学家。

深入到书本的海洋世界。然而，越进入书本的世界，越发现事物的真相，我便越愿意冷静地思考各种错综复杂的问题。通过博览群书，我隐约明白了一个道理：

"一切的一切，终究还是人！"

教会你人生真理的不是跌宕起伏的故事，不是哲学或宗教，而是有血有肉、真实存在的人。

一日，当我在一个展览会看到题着"坦诚、亲切"的匾额时，我第一次意识到，这就是我要寻找的人生启迪。

人应该如何生存？我想这四个字便是最好的答案。我以为，这就是真理了。

大家生活方式各异，能力有高低之别，贫富也不尽相同。虽然生而不同，但是，"坦诚、亲切"是每个人都能做到的。

以其待人，可去烦忧；以其律己，此生足矣；以其为鉴，幸甚至哉。如果没有"坦诚、亲切"这四个字的激励，今日的我也就不复存在了。

"坦诚、亲切"如今已深藏我心，不曾褪色。岂止如此，随着年龄的增长，它在我心中愈发熠熠生辉。同时，随着年龄的增长，我也更深切体会到实施它的困难。我甚至将它作为我毕生的事业来践行。

流于表面的坦诚与亲切谁都可以做到，但是想要穷极一生践行这一准则实在是寸步难行。

我也有弱点，也有欲望，也有不想接受的事物，也有想要任性而为的时候。

如果有人问你：

"抛弃自我去满足对方，善待他人到这个份上，你真的能在这个世上生存吗？"

"将自己的一切在对方面前暴露无遗，坦诚到这个份上，真的能在这个世上生存吗？"

我想，对于这样的问题，不管是谁都会难以回答。

中学时我曾想：这么简单的事情，不管是谁都能办到。

当时，我觉得自己言辞凿凿，很有说服力。但回过头来认真想想，这并非因为我们年少天真。

年轻时，即使做不到的事情，我也会认为自己可以做到。虽不是有意为之，但是，那其实是一种自欺欺人的行为。虽然知道了一点皮毛，不过，对于本质，仍是一窍不通。

然而，随着年龄的增长，我不能再欺骗自己了。

如果冷静地分析自己，就会发现我离真正的"坦诚、亲切"还差得很远。我所追求的"黄金屋""颜如玉"也不过是空中楼阁。不过，我一直秉承的"坦诚、亲切"这一原则，已使我大不相同。

每当想到"不管发生什么，我都能回归原点"，我有我自己的人生理念，我就觉得心安理得。

在待人接物的时候，常把"坦诚、亲切"放在心上的话，那么你想到的就是给予而非索取。

在工作中，"坦诚、亲切"是我的支撑点；遇到困境时，"坦诚、亲切"是我的原动力。

我们每个人都和周围的人息息相关。既然如此，就应该清楚明了地表达自己的想法，在相互理解的基础上互相帮助。

我松浦弥太郎能简洁明了地表明自己所珍视的事物，从这个角度来看也是一种"坦诚、亲切"吧。

一个人如果有一生遵循的座右铭，我认为他是幸运的。于我而言，座右铭是"坦诚、亲切"。我想每个人也会在一定的时候遇到自己一生的箴言。

说起"微笑"，即使是身处语言不通的异国他乡，在深感无能为力的时候，微笑也会是共同的语言。虽说可能言过其实，但我以为微笑可以解决很多问题。甚至连疾病，都可以通过微笑来治愈。

一直以来，我用微笑跨越了许多坎坷。因此，我想在我的座右铭"坦诚、亲切"中加上"微笑"这一点。从今往后，我要坦诚、亲切，面带微笑，直面人生。

6

寻找最佳击球点

我曾经做过建筑工地的工人、点心店的厨师和服务员，还做过传单派送员、搬家公司的工人、售货员以及大厦里的清洁工。

我不喜欢上学，没有读完高中就辍学了。所以，没能找到安定的工作，靠打零工过日子。

有时也会遇到不合适的工作，只干一天就辞职了。

有时也会因为时薪不错，尽管不喜欢还是坚持了下来。

工作中有过失败和不顺，有时给人留下了不好的印象，有时很难为情。迫不得已欺骗别人的事情也有发生。

"即使穷尽一生,我也要找到自己真正想干的事情。"

我一直拼命地寻求这个答案,所以不停地换工作。当然,这也是为了生活。

泰德·威廉斯是美国的棒球运动员,作为历史上第一个打击率超过四成的击球手而著名。有一本书总结了他的击球理论,这本书令我受益匪浅。

好球区①其实很广,但是,只有在球来到这个好球区最佳击球点的时候,泰德·威廉斯才挥动球棒。

---

① 棒球运动中,棒球手以其自然的体态,用球棒可以打着球的空间,即在本垒板的垂直上空,高度在击球员击球时自然站立姿势的膝盖上沿至腋部之间的立体空间。

要是普通的击球手，只要棒球进入好球区，就会去击球。

而对于泰德·威廉斯来说，最佳击球点以外的球，他都不会强求。也正是他这种果断的打法，使他成为绝无仅有的卓越击球手。

泰德·威廉斯的做法是：在自己最拿手的地方，集中注意力狠狠地击球。我也想以这种方式开展自己的工作——不是这也想干，那也想干，而是将所有的精力都集中在自己真正拿手的方面。

工作有很多种，好球区更是出乎意料地广阔。如果运气好，可能会完成安打①，至少可以跑垒②。但是如果想要完成本垒打③，在挥动球棒时，就必须集中于自己的最佳击

---

① 棒球运动中，击球员把投手投出来的球，击出到界内，使击球员能至少安全上到一垒的情形。安打可分为一垒安打、二垒安打、三垒安打和全垒打。
② 击球员完成击球任务后，就要向一垒跑进，而要安全进占一垒，就要利用一切有利时机向前跑，争取跑回本垒得分。
③ 击球员将对方来球击出后（通常击出外野护栏），击球员依次跑过一、二、三垒并安全回到本垒的进攻方法，这是棒球比赛中非常精彩的高潮瞬间。

球点，明确瞄准点。

所以，必须知道什么位置是自己的最佳击球点。而要知道这点，方法只有一个：首先就是去击球，去击打所有的球。不停地击球，才能从失败的经验中找到自己的最佳击球点。总之，如果不试着去击球，就不会明白哪里是自己的最佳击球点。

尽管可能击打不到球，但你也要去打。这需要勇气，同时，也可能让你颜面扫地。因为你可能会三振出局[①]，也有可能即使击中了，也没能把球打出去。

在好球区，如果有一百个击球点，那么，最佳击球点大概只有三个。

你可能感觉太少了。我也曾觉得这不太可信。但是，事实是你自己觉得能够做到的事情，往往很多时候却做不到。

[①] 投球手投出三个好球，但击球员没有击球或者没有击中球或者挥棒成擦棒球，球在落地之前就被捕手接到，则击球员出局。

说句丧气话，我觉得很多时候我们都会"心有余而力不足"。你觉得你很喜欢，但是偏偏你缺少这份才能。

但是，无论是谁，都会有最佳击球点。在击球的过程中，应该尽力感受准确的手感，寻找充分发挥自己能力的击球点。

最初只要抓住灵感，之后不断深入，不断确认，提高精准度就可以了。总之，无论如何都要去持续击球，不必在意三振数量。

进入社会，二十岁、三十岁是击打各种球的时期。这也是年轻的时候应该做的事情。要不断地练习击球，直至手上的水泡破裂。

职场中，也有人像我一样这也不想干，那也不想干。但我还是希望即使在同一个公司同一个部门，如果有不同的球飞过来，我们也要去击打。因此，我们必须时刻站在击球区，时刻抱有击球的意识。

到了四十多岁，即使无所事事，不再有活力，只要找到了自己的最佳击球点即可。即使成不了本垒王，也要有信心自己能够成为本垒王，并且要树立目标，朝着打击率超过四成的目标而努力。

有些人说："虽然这么说，但我还是找不到。"可能是因为他们一开始过于追求最佳击球点了。

玩棒球，没有三振出局这类狼狈的体验，想要一下子找到最佳击球点是不可能的。

只是坐在桌前，想着"我适合什么，有什么样的才能"，这并非深思熟虑，这只是浪费时间。

我认为合理安排时间很重要，因为时间是有限的。比起烦恼，我觉得更应该把时间花在积累经验上。

我经常听到有人说"找不到真正想做的事情"。我认为，根本没必要纠结于此，其实这根本就不是值得思考的问题。

要想寻找想做的事情，就要先积极地寻找能做的事情。因为想做一件事是一种愿望，它虽说很自由，却不现实。

即使觉得找到了自己想做的事，尝试之后却发现做得很不好，很有可能这并不是你的"最佳击球点"。

　　临近三十岁，即使发现自己想做大联赛的选手，大多数情况下也不过是痴人说梦。举这个极端的例子，引人发笑也并不奇怪。可是像这种不现实的愿望也可能会发生在我们自己身上。因为，愿望就是欲望与儿时妄想的结合吧。

　　寻找自己能做的事情的最好方法就是：相信梦想，不断尝试。去尝试所有的事情，培养情操，提高修养。同时，再借助实践经验这一得力的法宝，你自然就会明白哪些是你能够做的事情。

　　这之中，最让人愉悦的就是发现了自己的"最佳击球点"。

　　这不只可以愉悦自己，还能愉悦他人。

　　这就是自己能够做到的事情，这就是对我们来说，重要的"最佳击球点"。

7

一切都值得尝试

"成功的反面不是失败,而是什么都不做。"我永远也忘不了这句话对我的冲击。

这句话是我在纽约生活时听到的。虽然这看起来是美国式思维,但我觉得通过这句话,我获得了一种勇气,也就是不管遇到什么事情都要去挑战。

不管什么事情,都要去尝试、去感受,即使结果不好,但是通过这些尝试和感受,你可以学到许多知识,这毫无疑问也是一种成功。

试着去挑战，不问结果如何，这样，说不定你能发现另外一条康庄大道，寻觅到机会。这些都可能成为你下一步成功的坚固基石。

我认为，能想到的事情，都应该去尝试一下。

我二十岁至三十来岁这段时间，基本上是这样度过的。我把能够想到的事情都写在纸上，都尝试着去做了。其中，也做了不少遭人耻笑的事情。好在独自一人做，自然也就没有给旁人添什么麻烦。即使别人认为我做的事情愚蠢可笑，或者一开始就认为我会无疾而终，我也觉得无所谓。

我用打工挣的钱去了美国。别人总问我："你去美国干什么？动机是什么？"其实我就是想去看看没有去过的地方到底是什么样。仅此而已。不是去问别人，也不是通过阅读去了解，而是想亲临其境，用自己的眼睛去观察，用自己的身体去感知。

在旧金山，我给自己定了每天必做的功课，那就是

"每天去结识一个新朋友"。

如果一天能结识一位新朋友,那么一年就能结识三百六十五位新朋友。我们可以谈双方的工作,也可以谈双方正在沉醉痴迷的事情,甚或只是谈谈天气也可以。在路上走着,只要彼此对上了视线,我都会马上跟人搭讪。

因为我的英语不好,经常会缠着对方问个不停。这反而成了我练习英语会话的好机会,同时,会话本身也比较有意思。如果到晚上,突然想起今天没有结识新朋友,我便会马上穿上外套,上街去结识新朋友。这有点类似于小时候在日本,骑着自行车穿行在自己从未到过的街道。

我还给自己定下了一个任务,那就是走遍曼哈顿的所有街道。

如同工作一样,我每天都会要求自己漫步于曼哈顿的街头。曼哈顿[①]的面积和东京世田谷区差不多,道路布局如同棋盘。但是,曼哈顿的街道也并非全都像是美国纽约

[①] 曼哈顿是美国纽约市五个行政区之中人口最稠密的一个,也是最小的一个行政区。

的第五大道，或者是沿着中央公园的美丽街道。如果你沿着东河或者哈得孙河步行，或者去布朗克斯、曼哈顿下城这些较偏远地区，你也会发现道路的错综复杂。

20世纪80年代末是美国治安较差的时期，由于危险地域较多，我每次出门行走都得小心谨慎，鼓足勇气。尽管在曼哈顿，我也走过不少没有整修好的道路，或者垃圾遍地、恶劣难走的道路，但每次内心还是激动不已，欢欣雀跃。

后来，我已经不满足于仅仅行走于曼哈顿的街道了，我开始想制作我当时比较感兴趣的书店的地图。我把电话本上印有书店地址的那页撕下来，然后一家一家步行走访。

当时，虽有旅游指南，但我通过亲眼所见、亲耳所闻，每天都会有不少新的发现。

说到书店，日本可谓遍地都是，基本上都是类似于车站前的那种小书店，有杂志，有畅销书，再往里走便是文库本、漫画书。反正在我的印象中，日本的书店都是统一的模式。

美国的书店却各具特色。店主的喜好通过书店所摆放的书类可以体现出来，不像日本哪家书店都摆放着相同的最受欢迎的畅销书。在美国，你会发现既有汇集了大量新书和旧书的纽约联合广场的老书店，也有专卖诗集的书店，还有销售19世纪作家第一版书籍的怀旧书店。其形式多样，风格各异。我们经常可以看到这样的情景：客人坐在沙发上、地毯上，随心所欲地翻阅自己喜欢的书籍，店主和其宠物猫则昏昏沉沉打着盹儿。

对于销售我喜欢的书籍的书店，我去了好几次，也尝试着和店主搭讪。虽然英语表达能力很差，但由于我拼命地传达了我想表达的意思"你们家的书我很喜欢"，所以，对方也都很热心地和我沟通，和我保持联系。不管是美术书还是写真集、建筑类书籍等，纽约书店的老板们都传授了我很多知识，这些也极大地影响了我以后的人生。

不管什么都去尝试、去感受，这样，对于下一步怎么开展，你脑子里就会不断地涌现出各种想法。不管什么时候，明确"下一步"的行动都至关重要，它会引起连锁反应。也正因此，才会有"当下"进行尝试的意义。

这和谈恋爱很相似。如果你喜欢谁，你就会和这个人搞好关系，想和他交往，会去思考很多的问题。

"怎么做我才能每天都见到他呢？"你会认真思考，然后会去打探那个人的上学和放学路线。

"怎么做我才能和他搭上话呢？"这样想着，你会在脑海中做许多情景设计。为了把握住邀请对方的机会，你会去探究对方的兴趣与爱好。

也因此，你的想法会不断浮现，也就会想到无数让自己亲近他的方法。

可能别人会认为你的想法很愚蠢、很幼稚。一旦恋爱，你就会变得很疯狂。但是，这种疯狂才是最难能可贵的。

如果变得疯狂，即使成功的概率不高，即使形象不佳，那份"不管怎样都去尝试，都去探究"的热情也会如泉涌般迸发而出。因为只有变得疯狂，才不会过于瞻前顾后，而会随心而动。

真的遇到了瓶颈无法前行，就去想想你恋爱的时光吧，一切都会迎刃而解。天下万物，生生不息，彼此关联。我认为，使人变得疯狂的能量也一定会使人东山再起。

偶尔，人可以疯狂一下。

通过自己亲身经历，又通过自身的思考而获得的信息，才是真正属于你自己的信息。它会成为你一生的财富，并且，永远伴随你左右。我的这种说法也许有人会认为有点过分，但如果希望自己能够成长，那么你就得"亲自前行，亲眼去见，亲耳去闻"。

20 世纪的 70 年代，由宫本常一先生主编的《去行·去看·去问》杂志，从民俗学的角度介绍了日本全国各地的风俗习惯、文化生活、衣食住行等。它的理念就是让大家亲自前行，亲眼去见，亲耳去闻，是一本非常好的杂志。

虽然当今是信息化时代，只要上网就能查到你想要的信息，但我仍然认为，收集信息最好的办法还是"亲自前行，亲眼去见，亲耳去闻"。

当我们迷茫、苦恼的时候，可以通过亲力亲为，即"亲自前行，亲眼去见，亲耳去闻"来解决我们的困惑。

8

我的魔法语言

有些人虽然没有明确的目标,但会一直努力向上追求成功。

这个和年龄无关,人类在成长、变化的过程中就会产生欲求。

所谓欲求,我想它就是一次开始。我常常会思考:对待欲求,我应该怎么办?我所想到的便是:鼓足勇气,开始行动,这才能踏出改变的第一步。

一般来说,年轻人经验不足,没有掌握太多技巧。另外，也不十分清楚具体应该怎么行动。

有些人因此便渐渐地消沉，如抱着一块大石头沉入深潭。

倘若你放弃希望，苟且偷生，那么，你就会永远被深潭拖住，再没有办法从深潭脱身。

我从十八九岁开始到二十多岁，一直往返于美国和日本，靠拼命打零工来维持生计。我一直希望找到自己想做的工作，所以，只要不是太糟糕的工作，我一般都会去做。

我一直在想：我怎么样才能提升自己的价值？我怎么样才能和更多的人打交道？

冥思苦想得不到答案，你就没办法付诸行动。虽然想和某个人建立联系，但是，你见不到他，也就无济于事。当年不似现在这般网络发达，想要和人交往真是劳心又费力。

我经常跑书店，所以，多多少少对书籍有一定的鉴赏能力。最初，我是凭借着这种鉴赏能力去购买非常珍贵的艺术书籍，然后通过贩卖这些书籍来谋生。当然，仅靠这一点，生活是无以为继的。所以，当年，只要有人叫我去工作，我都会毫不迟疑地跑去干活。比如，我帮人制作过介绍造物主的电视节目，也编辑过时尚名品的产品目录，还做过大型活动的企划工作。我这么写，有人可能觉得我高大上，其实，报酬却少得可怜。

现在，回过头来想，那个时候，估计在别人的眼中，我自己是一个用起来非常方便，也什么都能干的人。我三十多岁的时候，基本上都是这么过来的。在我的印象当中，我三十多岁的时候，似乎一天也没休息过，却总是觉得缺钱花。话虽如此，但这种做法也无可厚非。因为，我当年并不是以金钱为目的，而是抱着尝试万事万物的态度。

和金钱相比，能够和各种各样的人接触，于我而言，更是一件令人开心的事情。而最令我感到害怕的便是，无事可干，百无聊赖，闲得发慌。

实际上，我到三十五岁左右，一直都处于社会的底层。

但是，现在想想，也正是那段时期培养了我自己的能力。也正是因为那段时期，我的精神世界才会变得富足。总是处于社会底层，你才会总想着不断地向上爬。也因为处于最底层，你才能看到前所未见，听到前所未闻之事，也才能干出一些成绩。

在四面楚歌，想要放弃，好像要沉入深潭底部的时候，我常常会对自己轻声说出那句魔法语言：

"走着瞧！"

这句话，我不知道对自己说了几千次、几万次。

有时甚至会被人嘲笑："哪里来的台词嘛！"但即便如此，我也总是在心里默念："走着瞧！"

当然，这并不是要战胜谁，打败谁，什么时候一定要混出个模样给谁看。

说这句话，我只是想表达，虽然我现在还很渺小，但天生我材必有用，将来，我一定能有利于社会，一定能在人世间占有一席之地。

所谓魔法语言，它一定能最大限度地发挥你的才干，在你人生的低谷，一定会在最后、最关键的时刻，给你鼓舞，给你信心。

我最近发现，最后的、最关键的时刻就是你深深沉入池塘最底部的时刻。沉入深潭，你只能不断地努力，不断地向上游。不能因为沉入了深潭最底部，就放弃希望！

这句魔法语言，我现在不常说。但是，在我悲伤、徘徊、难以忍耐、难以坚持的时候，我一定会轻轻地对自己说："走着瞧！"

魔法语言可能听起来有点言过其实，有点不像你的风格。但是，如果它能够让你奋进，让你东山再起，便足矣。

今天，我再一次对着天空，高声喊道："走着瞧！"这就是我的魔法语言。

9

拥有健康的欲望

与二三十岁的年轻人谈话时,我发现希望成功、希望能够有所拓展、希望出人头地的年轻人越来越少了。

在当今这个世道,其实没有积极向上的目标,也能够生活。因为现在是个非常富足的时代,随遇而安,平平淡淡,大家也能生活得心满意足。为了安安心心、稳稳妥妥地生活,我们可以想出很多办法和大家保持一致。

我们可以身穿廉价但舒适的服装,也可以去便宜餐厅吃上一顿美味。这种尽量不花钱的生活方式不仅自然,也很流行。这种不过于奢求的生活方式，人们也都倍加赞赏。

日本当今社会，有人可能会嚷嚷生活艰苦，但是，绝不可能出现饿死的人。

结了婚，生了孩子，有不少男性会说："我再也没有什么欲望了。""现在的生活已经很好了，我很满足。"

不断追求更高的目标，是工作、生活的能量源泉。试想如果没有这种追求，我们会如何？我想我和他们，在挑战生活、工作方面，观念也是大为不同吧！

我丝毫没有否定他们的意思，因为这是一种新的价值观。

但是，并不能因此，就可以人云亦云。不能因为大家都说没关系，所以我也就理所当然地认为真的没关系。这个世界上，不少人容易满足于现状，所以，我们应该对此加以注意。

很多人可能会说：

"不仅我一个人如此，大家都是这样的。"

"我属于多数派，没关系的。"

这些想法，说到底确实是相对比较安全。

在日本，现在是少数派遭受打击的时代。敢于暴露自己野心的人，显然是少数派，他们是一群脱离大众而存在的人群。

在我三十岁的时候，也想感受一下成为少数派的滋味。虽然是少数派，但由于竞争对手减少，所以更容易获得机会，也更容易取得成功。

我觉得成功和平庸的差异就在于做与不做。我希望自己成为一个成功者，成为一个会去做些什么的人。

这种欲望，难道不是一种健康的欲望吗？

我并不讨厌竞争。我觉得与胜负相比，那种希望淘汰对方，又担心被对方淘汰的磨砺更能给生活带来刺激。不管什么时候，都一定会有人来争夺你的位子。同时，你自己当然也有想要争夺的位子。

不少人对"高位""欲望""成功"这类词语抱有反感。在此，我也并不想说什么"我要干出一番大事业"。

我只是对自己到底能做什么很感兴趣。我认为最重要的是：对你能做的事情，不断地加以磨炼，拓展你的才华。能够作为社会的一员，为这个社会做些贡献。

至于为什么，我觉得如果你有一技之长，你就可以借此来帮助别人，借此来为社会做贡献。

只要与人打交道，就可以接触社会。如果能够和社会接触，你就会体验到前所未有的幸福。这就是我为什么要设定目标的原因。

所谓幸福，就是建立人与人之间的亲密关系，让自己成为一个值得爱的人。当然，这也只是本人的一点拙见而已。

把自己的一技之长向他人或外界进行展示，就是我们常说的自我展现。

也就是说，自我展现并非单方向的，它有给予者，同时，也有接受者，这才是幸福。我认为，只有这样，才能实现梦想。

"欲望"是我们与生俱来的，是去除一切外在的粉饰后，我们自身所保有的本质。

当我们对自身所保有的本质抱有兴趣时，就会发现，这不应该是我们通常所说的贪婪。

10

让别人看到你已全力以赴

在大家面前,展现你全力以赴、竭尽所能的认真态度,将会为你打开一扇窗。

不过,要达到如此境界,也是很困难的。怎样做才能使一个素未谋面的人看到你的全力以赴呢?

刚三十岁的时候,我从美国淘来旧书和旧货,然后运到日本并对外售卖,以此来维持自己的生计。因为既没有人际关系,也没有店铺,所以要卖出这些东西十分困难。

我思来想去，最终打算以写信的方式来解决问题。

这个方法并非我心血来潮，而是效仿我母亲的做法。

我的母亲以前经常写信。她是一个每天都会写信的人，一天要写好几封。现在想想，那些信并不只是写给朋友或亲戚的，有些是写给客人的感谢信或是邀请函。母亲以前是家庭主妇，在我上小学的时候，开始经营一家麻将馆。

母亲是个女强人，擅长应酬、精力充沛、善于挑战，常被朋友邀去打麻将。

后来，麻将生意越来越兴隆，母亲便买下了这家店铺。

麻将馆这种地方，并不需要什么特殊的设施，也不需要推出什么特别的餐食。所以，每家麻将馆几乎都大同小异，经营者想怎么经营就怎么经营。

我母亲擅长人际交往，在待人接物方面具有出类拔萃的能力，这是她能成功经营麻将馆的重要原因。虽然我不知道母亲在店里是什么样子，但是我想只凭她在家里给客人写信这件事，就足以看出她对待客人的细致周到。

"以信开始，以信结束。"这是母亲的口头禅。她也经常告诉我："电话不重要，写信才重要！"

尽管如此，我却从不写信，因为年轻气盛，又因为嫌麻烦。对于母亲的告诫，我总是左耳朵进，右耳朵出。

二十年前，因为我没有店铺，所以，最开始只能通过上门销售的方式卖书。我面临的第一个难关就是约见顾客。当然，要先给所有的公司和个人打电话。但是，即使我打了无数通的电话，也没有得到与一个顾客见面的机会。

这也是情理之中的事情，在电话簿中搜索到的想要见面的人全是些艺术家或是专家。无论是设计师事务所还是摄影师事务所，除非是万不得已，这些艺术家或专家本人是不会接电话的。助理们也不会把这种来历不明之人打来的营销电话转接给忙碌的他们。助理们的工作就是用"对不起,我们老板实在抽不出时间"之类的话来搪塞。

怎么也约不到顾客,烦恼至极的我,想起了母亲当年的方法。于是我将工作方式转换为整理资料,附上信件,然后寄送出去。

我一切都是如实记述。我在信中写下了我所做的工作,并说明上门销售的是我来往于日本和美国亲自挑选的书籍。

我的计划是寄送信件,然后等信件送达后,再打电话上门推销。

尽管我做了上述这一切,还是很难获得见面的机会。当我不知如何是好的时候,我突然再一次想到了母亲。想起了她老人家曾用毛笔给顾客认真写信的事情。

信封上手写字体十分漂亮,让人感觉母亲的信函很美观很舒服。

反思我写给顾客的信件,那就是一封为了完成销售而写就的信件。另外,我用的是从廉价商店随便买来的便笺和圆珠笔。把信投入邮筒的时候,想到的也是"反正也成不了"。正因为如此,我想要拓展的事情也就自然没有办法成功展开。

在一次信件投递前，我以一个外人的眼光对自己投递的信件做了一次审视。当时的感觉就是：不知是谁写的一封信，拿在手上，也不想拆开。虽然是手写的，却与"礼数"二字相差甚远。对于这种信，感觉它粗劣到一句牢骚话也不想说，直接就想和广告纸一起扔掉。这是一封让人感到很失望的信件。

如果是母亲写的信函，我想根本就不会被扔掉吧！

我抱着必胜的信心，买来了毛笔，并效仿母亲的做法，不仅是信封亲手书写，信函内容也是亲笔书写。最后的结果便是：就像玩奥赛罗棋，一下子逆转乾坤，原本完全得不到的见面机会变得百发百中。

我估计收到毛笔写的信函，会给人特别的感觉，会让助理和事务所的人觉得这封信必须得让领导本人看看。

信件送达后，再打电话，就算计划没有改变，但是得到的反应和用圆珠笔写信时完全不同。

当我打电话说"我是前几天给您写信的松浦弥太郎"时，接电话的人给出的反应都是："啊，信已经收到了。"我想，可能我这样的信件很少见，又很醒目，所以，他们对我印象深刻，自然，也多会将我的信件转交给本人过目。

和客户见面的时候，他们往往也会感慨："你的信件真认真，太客气了！"就这样，我全力以赴、认认真真书写的信件不断地获得了肯定。

写信本身就是一种很礼貌的行为，用毛笔认真书写，就更加深了礼貌的程度。这就是当年，我全力以赴、竭尽所能可以做的，也是我想要传达给对方的一种感动。

全力以赴、竭尽全力的认真态度，确实为我打开了一扇窗。

即使现在，我也把写信看得很重要。

重要时刻要写，平常的时候也要写。不一定要使用毛笔，在普通的便笺纸上用普通的笔书写的情况也很多。我也经常写明信片，因为写明信片，让人觉得轻松，不会给对方造成负担，同时又符合礼仪。

　　当然，向别人展示你已全力以赴，这一方法并不是一本指南手册，怎么使用，要根据时间和场合来灵活区分与掌握。

11

推销商品，不如推销自己

我一直想做个商人。我每天从早到晚都在思考，作为商人，我应该销售什么？

所谓买卖，就是通过公平的交易，人们花钱买来自己想要的、有用的东西，也就是必要的物品。进而言之，正因为有这样的交易，双方能获得利益，买卖才得以继续。

买卖的基本就是能够持续进行交易。到底怎样才能使买卖持续进行？这是我一直思考的问题。现如今，我仍在努力学习，寻找这一答案。

我以前经常两手提着沉沉的、大大的帆布包行走在大街小巷。当时两只手快要被勒断的痛感，至今仍记忆犹新。

我把旧书、旧时尚杂志塞进我用惯了的帆布包里，提着满满的一袋，去拜访各种时尚品牌设计师，也去拜访亲手制作杂志和广告海报的设计师和摄影师。

二十年前，市面上还很难买到被称作"创意宝库"的西洋杂志（20世纪50年代左右的过期期刊）。而且，我充分自信，这些都是日本人没有看过、极其稀少的艺术类书籍。

对于一些被人束之高阁的东西，若拂去其尘埃，抚平其褶皱，其被埋没的使用价值便会重见天日。找出其隐藏的魅力，废物就变成宝贝了。

如果一个人能够发现大家都未察觉的价值，最后又被某个人认可，获得共鸣，我想这种喜悦是任何事物都难以替代的。

反过来说，自己认为好的东西，如果得不到他人的认同，就算倾注心血拼命地介绍也会无人问津，这种失败的感觉让人痛苦难受至极。比起单纯地卖不出去，更让人失望的是自己的价值观被他人彻底否定。

没有一点生意的日子一直在持续。有时候，我会向当时一位经常见面、备受尊敬的商人吐苦水：

"为什么我选的书卖不出去？其实这些书真的很棒！"

他当时这样劝我："你想卖的东西，可能真的很好，很不一般。但是，在卖东西之前，你不推销自己是不行的！"

我大吃一惊，内心受到了极大的冲击。

他的这句话，在我三十岁出头的时候，决定了我今后的方向。

"在推销商品之前，最好先推销自己。"

听了这位受人尊敬的商人的忠告后，我放弃了自己以前的销售方式。我仍和以前一样，两手拎着大包行走在大街小巷，但我取消了让别人看我书的销售方式。

以前，我去拜访设计师事务所时，都会马上将带去的书籍摊开放在桌上。并推销道："这些都是我精挑细选的书籍，很罕见的书籍！怎么样，很好吧？"

后来，我开始改变这种销售方式。首先，我尽量以自己的方式来和对方寒暄。我仔细地观察并思考什么样的交际方式才能让对方感到愉悦。在此基础之上，再决定自己要跟对方说的话。

我会和对方聊，我是怎么去的美国，又是为什么想去的；在美国我有什么感动之处，我又热衷于什么；现在，我又想传递什么想法。

总之，我会充满热情，并以让对方愉悦的方式来展开对话。这样，对方也开始愿意倾听我的谈话了。

"你说的话很有趣！"他们会以这种方式让我继续谈下去。所以，我也越说越高兴，越说越多。于是，时间也转瞬即逝，约定的时间马上就到了。

这个时候，我一般不会强行推销书籍，而是说："您那么忙我还来打扰，真是抱歉。差不多到了约定的一个小时了，今天我就先回去了。"

他们看到我这样，一般也会对我说："请等一下！你今天不是来卖书的吗？"

我回答："是的。但是，今天能和您聊这么多，我觉得这就足够了。非常开心，我下次再来。"

但对方往往会说：

"这多对不住啊！你还是让我看看你带来的书吧。你介绍一下！"

听后，我也会很高兴，会饱含热情地给他介绍。对方往往也会很感动于我的介绍，并买下我带去的书籍。

最初，买下我书籍的是个海报设计师。随后，是时装设计师、摄影师。慢慢地，买我书的人越来越多。

提着轻了很多的帆布包，走在回家的路上，我感觉我学到了让人们购买你的商品的原理和原则。

推销商品之前，先推销自己。首先要让对方喜欢上你，愿意"买"你。只要让对方了解你，对你感兴趣，对你有好感，我坚信，不仅仅是书籍，你什么都能推销出去。

不久之后，买了我书的人也会告诉我"有人喜欢这类书哦"，并把他们介绍给我。从此以后，开始了一个良性循环。

也有人会帮我推销："经常往返于美国和日本的松浦弥太郎开了个很有趣的书店，去看看吧！"这样，一传十，十传百，渐渐地了解我的人就越来越多。

"推销商品之前，先推销自己"，这一点作为营销员的秘诀，经常被我用到。但是，这不同于一味肤浅地进行推销的营销方式，既不是不顾别人喜好地推销，也不是去做一味讨好别人的角色，而是在与人的交往中用自己的真心与努力，赢得别人的尊重与兴趣，实现平等的交流。

首先，寒暄时，要创建第一个要点。然后，你的自我介绍要让对方感兴趣，这是另一个要点。

把这些点连接起来，靠的是礼仪，靠的是你全力以赴、竭尽所能的努力。

这些要点十分细小、简单，谁都能做到，并没有特别的技巧。

不过，因为你需要不断增加要点，需要把要点与要点有效地连接起来，所以，你得特别注意能够做到这些的礼仪，这也是表现自我的一种方式。也因此，诚实相当重要。如果能连点成线，对方就会信赖你。我觉得这一系列的推销，正是你自己真正的魅力所在。

展现自己的魅力，不只限于买卖。

我认为，做人的基本姿态是与人交往。与人交往是从商的第一步。换句话说，买卖就是一种信用。

12

约定好下次见面的时间

当我们请求别人帮助，在事成之后，就很容易把别人帮助一事忘得一干二净。

因为我们满心都被事成之后的喜悦、开心以及大大的成就感所包围，整个人会变得轻飘浮躁、云里雾里。自然，也就忘了对曾经帮助过自己的人表示感谢。

当然，在我们和思念已久的人久别重逢时，脸上喜悦的表情自不言说，我们会情不自禁地说："真的感谢上天让我们再次相遇。"

尽管不乏这样的时刻，但总之，机会还是太少。

如果我们不向对方说出："能够再次见到你，我真的很开心！"对方就不会知晓。"昨天真是太谢谢您了！"如果第二天你不把你的感谢写成信函寄给对方，对方也不会明白你的心情。

当完成一件事情，告一段落后，你告诉对方："上次您的意见帮了我大忙，真的太感谢您了！"你只有做了这样的感恩表述后，才算得上是一种较为得体的感谢。

另外，向对方汇报事情的进展也是表达感谢的一种方式。

有人认为应该用送礼物的方式来道谢，可是我觉得，重要的是要向对方汇报你的情况。

例如，我通过 A 结识了 B，我会对 A 说："真是多亏了您，才能见到 B 先生，真是太谢谢您了！"通过这样的表述，才能表明自己的谢意。

在遇到困难的时候，如果我们获得了别人的帮助与建议，什么也不说，就这么草草完事，那是不行的。我们应该尽全力解决问题，并在事情告一段落的时候，向对方汇报："前些天给您添麻烦了，那个项目现在已经进展到一半，真是太谢谢了！"

那些引荐过你，给予你建议以及帮助的人，一般心都很细，也不健忘。无论他们怎么繁忙，都会在心中惦记我们，想着我们的那件事现在怎么样了。特别是把我们介绍给了别人的时候，在某种意义上他们自己就成了保证人，有了相应的责任。所以，我们也许就会让他们为我们担心。

因此，一定要好好地向对方汇报事情的进展。

在慢慢地将点串成线，建立人脉关系的过程中，我们的汇报不可缺少。既可以去拜见对方，直接告诉他们，也可以以书信的方式告知对方。

比如，你可以说：

"您给我的建议很好，我把它用在了这些方面……"

"通过您的启发，我写出了这本书，取得了这样的成果……"

对方给予我们的种子开出了怎样的花，获得的建议又如何帮助了自己，把这些结果告知对方，你自己开心，对方也会为你高兴。我想，这也许可以称作人际关系的基础吧。

我们不是孤零零的一个人，在我们的背后，还有很多人在默默地帮助我们。如果你结识了很多人，那么，就算是第一次见面，也许他也会对你说："我听某某提起过你！"当年，还在我走街串巷、兜售书籍的时候，有人把我引荐给了一位名人，他说："松浦弥太郎这人很有意思，你可以见见他！"当时，我就觉得我似乎也有了一点名声，自然而然人家也就这样宣传你。

所有的交际活动都会把我们跟这个世界联系起来，然后，以一种我们看不见的力量帮助我们。这一点我深信不疑。因为，你自己一个人能完成的事情太少太少。

以前，在兜售书籍的时候，曾有一位帮助过我的人。他是一位有名的平面设计师，不仅买了我的很多书籍来支持我，还给我介绍了很多潜在客户。他教会了我很多知识，也包括前文提到的构建人际关系要"由点到线，由线到面"的想法。

还有一件让我久久不能忘怀的事情，发生在我和他第一次见面的时候。当我和他告别时，他对我说：

"我们何时能再见？"

我知道，他不是为了让我来推销书籍，而是单纯地想和我再次见面。可是，他工作繁忙，仅凭他这样一句话，我也不知道什么时候能再见面。于是，他更加具体地问我："我们何时能再见？"这对我而言，是最好的送别的语言。

不过我也清楚，虽然自己也很想与他再见一面，可是总不能厚着脸皮问："下次具体是什么时候？"而且，这种话也不是对谁都可以问的。

所以，当他主动跟我约定下次见面时间的时候，我确实非常高兴，实实在在地感受到了自己的被需要。这也让我有了自信。

相互多见上几面，就会产生人际关系。他的善良、他的体贴，对我而言，是不可替代的人生教导。

我想，恋人之间也是这样吧。在分别的时候，如果对方说要与你再次见面，这时的喜悦是不言而喻的吧！

变成更成熟的大人后，我也时不时会对第一次见面的人说：

"我们下次什么时候见面？"

当然，不会是对所有人都这么说。

如果遇到了还想再见一面的人，或者觉得还想再了解一点他的故事，这个时候，我才会说出口。但无论他比自己年轻还是年长，是同性还是异性，是因公还是因私而相识，只要决定了下次见面的时间与地点，然后再作分别，我想就真的会有下一次的见面。

因为工作就是一个个约定见面的集合，所以，能够明白我上面谈到的这些，我想不会有什么坏处。至少对我而言，它给我带来的都是好事。就算不是约定立刻见面也没关系。你们可以约定一个月后、半年后，甚至一年后，都没关系。

只要履行了约定，就会成为彼此成功的体验。因为两个人一起完成了一个共同的目标，那就是："在这天，在这个地点，又见上了一面。"这是一次非常漂亮的成功。这种小小的成功不断地和别人一起去完成，去积累，它便会构建人际关系的基础。

这种告别的方式比起"下次再一起吃饭吧"这类搪塞的告别要来得真实。

约定好了见面，并且也付诸了实施，那么，你得向对方汇报上次的情况，并衷心致谢：

"您推荐的那本书，我马上要看完了。我学到了很多知识！"

"我见到了您上次所说的山本先生。"

如果你这样做，说不定，又会从对方那儿获得新的思路，这又促使了你在你们下次见面之前，有了让你很想完成的工作。接下来，你又有可能再次获得引荐的机会。人际关系就是这样一环套一环，循环往复。约定见面越多，信任也会不断增强，这也是通往成功的基本。

和人约定见面，是成功的种子。

13

优秀的人更注重言行礼仪

我三十岁刚出头的时候,遇到了很多优秀的人士。

他们对我的影响无法估量,他们的行为举止现在依然是我行事的指南。

那时候,每每与成功人士交往,我都会满怀憧憬,模仿他们,学习他们。

我总会想:"要怎样做才能变成他们那样的人呢?"带着这样的疑问,我认真仔细地观察他们的一举一动。

他们有一个共同点，都特别会与他人打交道。他们经常面带笑容，讲究礼仪，举止得体。

面带笑容，得体地与人寒暄，这既是一种良好的自我介绍，也是一个让他人了解你的最好的方法。

面带笑容跟他人说一句"早上好"，这就宛如展现了自己的简历。通过多年的观察，我发现，做到这一点的人与做不到这一点的人，有天壤之别。

一个人的一言一行会展现他的生活轨迹，会体现他的待人处事方式。

优秀人士都特别注重两点：一是面带笑容和人寒暄，另一点是待人接物得体周到。这两点也正是我们作为成人不可遗忘的基本准则。

就在前两天，朋友带我去一家有名的餐馆吃日本料理。这家店因为公认菜品美味，所以人气很旺，很难订到座位。

我是第一次去，但其他大部分人好像是常客。大家都像是干大事业的，而且还像是美食家，穿着打扮十分时尚，举止也十分得体。

但是，我觉得有些不自在。

也许是偶然为之，有些客人，举止却有点欠妥。他们摆出一副"这是我经常来的餐馆"的样子，好像在自己家里一样随意，大声说话，措辞粗俗，难以入耳。

因为店面太小，这些人的高谈阔论让店员不得不提高嗓门报菜单。店员虽然都很专业，对客人招待得也很周到，但是，对于这种情况，我还是会瞎操心地想：他们内心可能也不太舒服吧！

年轻时所憧憬的优秀人士决不会做出的举动，没想到自己与同龄人正在为之，对此，我内心无比羞愧。

我时常会回想自己之前的一些行为，反省自己，是否太过于张扬？是否谨言慎行？是否做到了察言观色，维护交谈的良好氛围？是否面带笑容待人处事？在致谢的时候，是否礼仪周到，举止得体？

娴熟老到与厚颜无耻不同。虽说你支付了很高的费用，但那里是公共场所,并不是你自己的家。身处与别人共享的公共场所,我们该怎么做呢?

自然放松与懒散邋遢只有毫厘之差。

那天的饭菜很美味,与朋友一起度过的时光也很快乐。

但是,在回家的路上,我不由自主地一件一件回想起了过去所敬仰的成功人士教导过的态度、举止和行为规范,让我再一次思考怎样的待人接物才是适当且正确的。

我记得,在我三十岁刚出头时,那些第一次才见面的非常优秀的人物也常会带我去美食餐厅吃饭。当年的我对于美食一窍不通。由于他们都是贵客,餐厅的人也都会很高兴地接待我们。但是这些人,越是去常去的餐厅,往往越会选择最差的位置。

他们总会说:"因为我们是常客,经常来,所以,坐离卫生间近的这些偏僻的地方也没关系。"

他们坐在又远又不显眼的地方，低调安静地用餐。对熟络的店员总是彬彬有礼，态度谦恭，不故意炫耀，却又自然流露出独特的魅力气场。他们不会故意为难店员："喂，给我做菜单上没有的那道菜！"

我认为他们最高的美德就是，谦虚和礼让。比方说，有一位十分有名的摄影师，他打算买下我挑选的一本很珍贵、稀有的书时，这样问我："我这样的人，真的可以买下这本书吗？"我听后觉得很惊讶，他没有资格买还有谁有资格买？但吃惊之后，是对他这种低调的行事风格的由衷佩服。

他们中没有谁会总是说"我如何、我如何"，没有谁会过于自我夸张地表现，他们总是谦逊有加、礼貌待人。

另外，即使是在看不见的地方，他们也总会乐于助人。因此，他们身边也慢慢集聚了各种力量，愿意和他们共事，愿意守护他们。他们便自然而然地成为成功人士。

在我的脑海中，每每总会浮现优秀人士的谦逊与礼让的行为，并对自己的行为进行反思：我与部下的交流方式是否正确，我打电话时的说话方式是否恰当，在餐厅里的措辞、态度以及行为表现是否得体等。

是啊，优秀的人物不管坐在哪里，都会坐姿优雅而端庄。仅仅从他的坐姿，就能一眼看出他是一个什么样的人物。

14

所有的工作，
都是在帮助别人

"成功者为何成功？"

我很想知道这个问题的答案。

刚步入三十岁的时候，我结识了一位商人，如今他也是我的恩人。我曾经直截了当地问过他：

"怎样做才能获得成功？"

他并没有说出答案，而是给了我一些提示：

"多看看如今的成功人士，多看看畅销商品，多看看当前流行什么。不管什么都可以，只要是那些大家都喜欢的，你要一个个来仔细观察，寻找它们的共同点。如果这样做，你很快就会找到答案！"

在那之前，我只看到了好东西的"好"，虽然偶尔也会想想"为什么"，但也只是随便想想而已。

比如，村上春树先生的小说为何畅销，智能手机和电子游戏为何有人气，某个公司、某家商店、某个人为何备受关注，为何成功等。但是，去思考它们成功的共同点，我还从来没做过，觉得很新鲜。我想，这也可以说是一种市场调查分析。我也就是在这个时候，第一次知道了一个秘诀：那就是，对世间万象要仔细观察。

只知道秘诀是解决不了问题的，只随便想想也不会明白真谛。在左思右想不得结果，心烦意乱的时候，我又去见了那位商人，对他说：

"我想了很多,却还是找不出答案。请您告诉我吧!"

结果却被他训了一顿后赶了出来。

他说:"简简单单地问别人,偷懒而不去努力吃苦是不行的。再好好想想!"

这句话对我意义重大。我明白了任何事情都不可能唾手可得,自己不能偷懒。如果再怎么想也想不通,我就去看看书找线索。只要有了一点思路,就会去尝试。

不要偷懒!反复思考!这是他教会我的。

终于大约在一年后,我找到了答案。

"已经成功的人,都是在帮助别人。畅销商品,也是在帮助别人。一定要帮助别人,一定要物有所值!也就是说,一定要解决别人的疑问,解决他的不便,只有这样,才会有人支持,才能将你的商品销售出去。"

我这样一说,那位商人马上兴奋地拍着桌子说:"就是这样!"

取得成功的基本,就是"帮助别人"。

"帮助"虽和"有用"很相似,但"帮助"有更深层的含义。

比如说，二十四小时便利店既帮助了那些"饿肚子"的人，也帮助了那些"在下班回家路上，不想直接回去，又不想去酒吧"的人。想想看的话就会发现，"有用"只达到了物质层面，"帮助"却达到了更深的精神层面。

能够打动人心的，才是助人。

比如，村上春树先生的小说用故事的形式给我们展现了世界上那些无法言说的美好、善良，以及心灵的悸动，给予了那些需要勇敢活下去的人心灵上的支持。智能手机或许消除了人们的空虚与寂寞，让人们知道无论何时何地他都不是孤单的，给予了人们安心感。这或许就是以"方便"之名给予人们的帮助吧。

工作就是不断寻找和发现"对他人的帮助"。这是我的一大发现，也成了我现在的工作理念。我相信，所有的工作，都是在帮助别人。

在写文章的时候我会思考:"这些话,能否对读者有所帮助?"在展示新企划时,也会思考:"这个想法会不会给大家帮助?"正因如此,我从来没忘记"有人会因为我的工作得到帮助"这一点。

我也一直在思考自己的所作所为是否帮助了别人,是否对他们有用。同时,就连我自己,也在不断寻找"自己所需要的帮助"。

15

在心理上永远保持年轻的秘诀

人的一生有思考，有烦恼，有痛苦，同时也会有开心。有了一次一次的经历，也就有了新的遇见和新的发现，你的思维也会发生前所未有的巨变。

我一直都说：某一天，你的想法可能会突然发生一百八十度的转变。对于自己这样的转变，你可能会吓一大跳："我怎么突然变成这样？"

举个简单的例子，比如你以前喜欢简朴素雅的生活，现在却变得喜欢尝试人间万象，喜欢富有文化色彩的奢华生活。

尽管如此，我并不认为自己有多么轻率。只要自己的信念根基没有动摇，总会有新芽吐绿的时候，总会有枝繁叶茂的时候，也自然还会有鲜花盛开的季节。

我们需要对自己的新想法和新意识时刻抱有兴趣。

我认为这是让人在心理上永远保持年轻的秘诀。因此，如果我觉得我还在继续变化，我会非常开心。

我的那位恩人是一位商人。在我二十来岁的时候，与他相遇于青山的一家酒吧。来这家酒吧的多是那些时尚的业界人士，或者高大上的人。我并不喝酒，只喝不含酒精的饮料，我之所以出入这种地方，完全是受一种好奇心的驱使。由于是站着喝酒的酒吧，所以，遇上人就能够很轻松畅快地聊起来。

我们说着说着,他便邀请我说:"下次到我公司来玩吧。"我当时也正值空闲,所以,也就欣然前往了。

关于寒暄、礼仪、社交场合的言谈举止,我基本上都是跟他学的。虽然他只比当时的我大了二十来岁,但是,看起来非常成熟老到。

我非常崇拜他,也总模仿他,经常去拜访他。无论他说什么,我都听。我觉得跟着这样的人,就算是一辈子,也没什么遗憾。

他毫不吝啬地把他所知道的都教给我,可能他认为未来的我能够成为他的左膀右臂吧。

不久,他让我帮他做点儿他公司的工作,我为了报答知遇之恩,拼命努力工作。

不过,过了一阵,我还是离开了他,继续做我的自由职业者。

我们并没有发生争执,也没发生其他什么事情。

离开他的第一个理由是,深藏于心中的那个特立独行的愿望。不仅仅是他,还有给予我很多关照的其他人,也是一样。在他们身边待了一阵子后,我会觉得坐立不安,就会离开他们。因为我觉得与其成为一个非常值得尊敬的人士的得力干将,我更愿意自己仅仅就只是松浦弥太郎。

第二个理由是,我的好奇心过强。当我吸收一个人的长处,并达到一定程度之后,我便会有超越这个人的想法。然后,就开始不断思考:我怎么做才会更有进步?于是,抱着各种各样的疑问,去向他人讨教。

最初,我的问题对方都会回答,不久后,有些问题他们就会回答不上来。如果无论谁都会有回答不上来的难题,那么,不管多厉害的人,在有些问题上卡壳,那也都是正常的。另外,人也是各色各样的,即使针对同一个问题,也不会有同样的答案,或者完全正确的答案。也因此,我的答案就变成了"不去问别人,自己尝试着去做"。

再一个就是,年轻的时候,我正义感过强,不允许有自相矛盾之处,不允许有含糊不清之点。这应该就是第三个理由吧,我年轻的时候过于强势。

现在,我马上就要步入五十岁了,也明白了对人和对事要宽厚,善于接受的重要性。通过经营公司,我懂得了生活中要善于"揣着明白装糊涂",对于一些矛盾之事,能含糊的则含糊。二十年前,我难以想象的事情,现在都能理解了。

我的那位商界恩人,我想他也是一位很善于"揣着明白装糊涂"的人,他擅长处理模糊事物。对于出现简单的意见不同的情况,只知道一个劲地单方面做解释的我,他并没有半点儿责怪,对于我离开他的身边,也没有半点儿意见。

我很喜欢变化。我觉得否定自我,能够仰起头,挺起胸来,这就是我的成长。很多情况下,我都不知道我的成长应该朝着哪个方向发展,但是,一旦我感觉到我的成长会遭遇阻碍,便会猛烈反抗。以前如此,至今仍没改变。

也许,没有成长会更快乐。但是,愿意满足于人生所学,满足于经历的千辛万苦,愿意将自己的所学所思一点点积攒成形,这就是一个成熟的人吧!

可能有人会说："我就是一个这样的人，我就是以这种价值观、这种生存方式来生活。"

我是完全反对这个观点的。我更愿意毁掉我到现今所积累的一切，去成就一个全新的自己。

把积木全部推倒，以另外一种完全不同的堆积方式来重新堆积，我相信这是人生的一大乐趣。也因此，即使这样会对有恩于我的人有所失礼，对于自己来说也万分辛苦，但是，我仍希望自己是一个在任何时候都能够破旧立新的人。

自己必须完全承担起推倒积木的责任，这需要勇气。有时候，不得已还会导致别人悲伤，给人添麻烦。这时候，最重要的是，你能否直接向别人道歉，对他说声"对不起"。如果做不到，我认为还是不要推倒积木为好。

非常幸运的是，我和我的那位商界恩人的关系并没有因我的离开而破裂，至今我们都有来往。对于我们来说，会不断地遇到能够给你带来利益的人，但是，我们永远也不能忘记最初的那个恩人。中国有句谚语："吃水不忘挖井人。"不仅仅是对这位恩人，对曾给予过我帮助的人，我也会经常给他们写信，一起聚聚吃个饭，向他们汇报我的近况。

他们也经常会对我说："你也挺忙的，别那么放在心上。"但我能感觉到他们很开心。

即使"积木"的性状发生了变化，在我心中，依然会抱有感激之心。

如果没有他，就不会有现在的我。当我回想我年轻时感性十足的时候，我真心地觉得当年的我遇到他，真是一件太美好的事情。

不管怎么变化，万变不离其宗。在人生的某个时期，能遇到这样的贵人，毫无疑问，是人生的一大幸事。

16

日常即工作

现在回头想想,我将使用身体的时间、使用头脑的时间、使用内心的时间,也就是一天二十四小时的大部分时间,都用在了工作上。

无论做什么,我都不会忘了工作。我想,这主要是因为我从心底里享受现在的工作,我清楚地知道这是由于每天的工作能让我不断发生变化,让我成长。

我也思考过如何保持工作与生活平衡,但是又一想,我不是为了生活而工作,而是为了工作而生活。所以,考虑平衡一事也就不了了之。

我想，这主要是我不知从什么时候起，不知不觉对工作的意义改变了看法。

我是最近才有了"日常即工作"这种想法的。

以前，我相信：只有奠定了生活的基础，才可以有工作。最理想的就是："生活＞工作"，我以此为目标，并一直坚持这种信念。

但是，不知何时，我感觉到无论如何这都行不通。

作为社会的一员，在每一天的生活当中，你会发现任何时候都不能离开工作。事实上，每周我有八十个小时在工作。说实话，我大部分人生都被工作所占据。

年轻时，我特别不想承认这个事实。因为，我们一直被"生活为善，工作为恶"这种固定观念所束缚。

到最后，我自己总算承认了"我的全部都是工作"这一想法，并且也接受了这一事实，心情倒变得轻松多了。

以前，我总要强行把生活与工作区分开来，总想着怎么保持它们的平衡，最后，导致看不到事物本质。但是，事实上，工作与生活本来就不是能分开的。

当然，工作是充满压力的。虽然不能说生活完全没有压力，但是工作更加严酷，充满了艰辛。如果每天全部都是工作，那么，有人可能也会认为，那是多么痛苦、多么不幸的人生。

但是，承受压力就是为了学习，也是人生成长的重要一环。所谓幸福，虽然是在悠闲自得时感受到的，但是，在突破难关、跨越障碍后，它更能深深地、强烈地震撼人心。

于是，工作在我的心中，发生了一百八十度大转弯。

我暗下决心，把工作快乐地编织到日常生活中，也由此让自己不断成长。

我只要能够享受工作就好，仅此而已。

一旦明确了"日常即工作"的态度,对待工作的方法也相应而变。

以前,我只是拘泥于获得理想结果。

当时,我希望不管是作为一名自由职业者也好,还是作为一名公司职员也好,我都能够特立独行。

我不希望依赖公司,也不希望依靠周围任何人。

"自己做出了成绩,就从公司获得报酬,做不出成绩,自然就被开除。"我以这种职业运动员签订年度合同的意识去拼命工作,同时也这样要求别人。我坚信:如果你要在世界上脱颖而出,在全球化的过程中有立锥之地,那你就必须采取这种姿态。

说得更直接一点儿,我讨厌那种"大家一同完成目标,大家一同分配利益"的做法。

我从十几岁起便一个人独立完成工作。所以,我的意识里没有可以让人依赖的"大家"。我遵循的是:凭自己的能力为社会或个人做了贡献,那就可以获得报酬,否则,一分也不可以获取。

因为自己的工作是明确的,并且可以严格地以数值化来计算,所以,完全不同于那种"谁做了多大的努力,谁拖了后腿也无从而知"的"团队成果"的做法。与团队相比,我更喜欢"第四棒击球手"①的做法,我希望所有人员都成为"第四棒击球手"。

说透了,我崇尚的就是个人实力至上的原则。不过,我隐约也能感觉到、稍稍也能耳闻到一些不同意见,那就是:"工作中最重要的不是个人能力。"

也许,当年的我不是不知道,只是不愿意肯定这一点,固执己见罢了。

我一想到"日常即工作",很多的不满也就烟消云散了。

---

① 在棒球比赛中,击球手最强的一般总是第四棒。

我觉得与个人能力相比，更重要的是获得承认。

日常即工作，工作中最重要的便是人际关系。

这是我后来发现的。这一发现对于我来说，不仅可以说是醍醐灌顶，甚至可以说是破茧成蝶，让我发生了巨大的变化。

不仅仅是公司，只要是由多人组成的群体，便会有不能用数值化来确定的价值，那便是构建人际关系的能力。

过去，我很讨厌"八面玲珑的人"，但是我也知道，他们与大家能够友好相处，承担着上传下达、左右沟通的角色。

过去，我很蔑视"拍马屁的人"，但是，我也知道，他们有着为对方考虑、尊重对方的坦率。

也可以说，我发现了与第四棒击球手匹敌的新的价值。因为在群体当中，每个人起到的作用是不一样的，所以就算第四棒击球手再怎么努力，说到底也有达不成的事情。

这句话要说起来，可能也会被认为是理所应当的事情，那就是："只靠一个人，什么也做不到；也不可能仅靠一个人，就能生存。"

我很喜欢和出租车司机交谈。因为乘坐出租车的人形形色色，所以，出租车司机的话题也非常丰富。他们当中，因为改行的人很多，所以即使只是他本人的经验，也可以听到各种各样有关工作的话题。例如，我前几天乘坐出租车，司机告诉我，他之前在百货商店的销售部工作了四十年。

他说："所谓销售，就是'万金油'。"有的时候，他是有钱的客户的推销员。有的时候，他又是大公司和政府的万能采购员。

商店并没有商品目录，"只要是顾客需要的，无论什么都卖"，这才是真正的百货商店的销售员。

那位出租车司机因为负责政府部门的单子，所以，他也曾经接受过"需用于国情调查的一亿支圆珠笔"的一个订单。

对于文具店来说,这是怎么也办不到的。如果是文具厂,仅靠一家也完成不了订单。他最后就"圆珠笔的笔帽由 A 公司生产,笔芯由 B 公司生产",这样由主要的几个厂家来分担,终于在交货期之前,凑够了数目。

如果不和出租车司机沟通,对于他们那超乎寻常的工作,你可能连想象都想象不到。我问那位出租车司机:"在这种工作当中,你认为什么是最重要的?"他回答我,是人际关系。

"如果没有人际关系,就什么都做不到。"

虽然个人能力绝对是必要的,但不是最重要的。"当怎么也凑不够三千万个圆珠笔笔帽的时候,我想能够让从来没有和我们打过交道的 C 公司接受我们的订单的人,一定是个有交际能力的人。"

"D 公司的人跟我说:'如果是这个交货期,圆珠笔的组装没办法完成!'我想,能够去好言请求他们,让他们无论如何都得按时交货的人,一定也是交际高手。"

"我这个人可能没什么理想，也没什么希求。我认为，工作就是出色地构建人际关系。不管是公司内的人还是公司外的人，都不给予对方压力，做到平和圆滑，我认为这是非常重要的。这是成功的首要之路。"

我一边点头一边想，这一点也不仅仅限于销售部门的工作。

那些出类拔萃的人、那些具有特殊才能的人，能取得让人瞩目的成绩，也同样付出了与之相对应的艰辛。因为付出了超越常人的努力，所以，他们搞垮了自己的身体，承受了巨大的精神压力。

如果只追求个人能力，就不能持久地工作。如果一个人能力超群，成为一时英雄，却中途隐退，我们还不如寻求一个既有个人能力，又有交际能力的人。大家共同努力，达到终点，我认为这是最完美的。

作为管理者，能够做到让大家都很愉快地工作，我认为这也是非常重要的。

如果说日常即工作，那么，人生便是工作，而工作便是人际关系。

我坐在出租车上，一直都在思考，在工作中生存到底会是怎么一种情形？

恐怕就算我穷极一生思考这个问题，其答案也会随着我人生的变化而变化吧！

17

提高工作的精准度

我想一点点地提高自己工作的精准度。

在快五十岁的时候愈发这样地思考。

也许是改变自己工作哲学的时期到来了吧。这段时间，回想自己每天的工作，我总是不禁陷入思考。

我虽然会像以前一样重视时间和效率、质和量、过程和结果，以及如何改善，却也总被"结果就是一切吗"这样的疑问所缠绕。同时，也有"只要自己满意，就算结果不好也没关系吗"这样的疑问。虽然作为社会上的人和外面的世界有着千丝万缕的联系，那也得首先让自己满意。

我左思右想，一天，灵光乍现。

"今后，要将提高工作的精准度作为目标！"

虽然也有"要追求工作的质量"的说法，精准度和质量听起来很相似，却不一样。精准度是比质量更进一步的工作评价标准。

精准度比质量更具体，更缜密，需要我们拿出更精细的设计蓝图。

就像以前用厘米单位制作出的东西，突然精确到用毫米单位来制作的感觉一样。这个变化带来新的挑战，需要我们更加钻研，是一种带有速度感的优化。通过这样的变化做成的工作，无论多少次被重复，或是变成无形的资源，都有很高的重复利用可能性。这样高精准度的工作就会像种子一样发芽成长。总之，精准度高的工作就像发明一样。不，应该说这本身就是一项发明。

那么，我们怎样才能完成精准度高的工作呢？

我的答案就是，要在工作中进一步追求细节和保持热情！

关于"品味",我也想了很多,几乎能以此为题写出一本书来。

"你很有品味"这句话在很多场合大家都会说,多指的是对美的欣赏这种深层次的感觉。

但是,工作上有着很大热情,这种一眼就能看出来的情形不也是一种"品味"吗?

为了提高工作的精准度,必须发挥热情这种"品味"。我现在将这个作为目标,要比任何人都发挥更多对工作的热情。

知识和修养,还有技能的掌握也是很重要的。

提高审美能力,练出对事物的感觉能力,通过思考来感觉也很重要。

但是,如果在工作、人际交往、生活中都能做到发挥全部热情,那才是优秀的。

所谓发挥热情去工作,需要从"认真"开始。

下功夫，认真地去工作，需要更加发自内心地对它热爱。

做杯子的话，要做出对杯子的爱和对使用者的爱的杯子。

做菜的话，要做出对食物的爱和对要吃的人的爱的菜。

写书的话，要写出对人的爱和对读者的爱，让读者内心温暖的书。

认真谨慎而充满热情地工作，可以说是我现在的目标。

高精准度的工作是通过爱才能实现的。这样的工作会让人感动并产生共鸣，于是会被更多的人所接受，然后会让世界变得更好。

也就是说，在充满感情的基础上，真正做到用心工作是一种全新的挑战。

18

别把大显身手当作目标

我接到了一个广告代言,是为一个产品打广告。

由于广告词中会提到:"这是松浦弥太郎先生所选择的产品!"我想大家不会认为这是一个很随便的商品。

但是,我还是婉言谢绝了这个广告代言。显而易见,这项工作对于我来说,是我不擅长的领域。因为,我认为商业广告这种大型的媒体发布,不属于我目前的工作范畴。

"我能够做到的事情"是,将自己有所感,有所发现的事情,有所思考的事情写成文字,或者作为一项服务,把它们编辑起来，告诉人们。

也有人说："这样好的工作都拒绝了，真是太可惜了！"如果我还不到三十岁，我可能会接受这次挑战。

"工作是别人所给予的，你应该抱有感激之心，正因如此，只要是工作，你都得全部接受。"如果，你想要出类拔萃，做到最好，这样的思维方式是至关紧要的。但是，对于我来说，已经到了改变这种观念的年龄。

四十岁后，我基本了解了自己所擅长的领域，也知晓了"找到最佳位置"的重要性。

因此，我拒绝了商业广告代言的工作。我想，如果从我手里打出的是无用的球，这也可能会给对方造成麻烦吧。

我说："我能够做到的事情是，你给我一个主题，然后我去考虑怎么服务于这个主题，考虑其中的内容，然后我还能写文章。如果是这些工作，无论多少我都会去做。"

看到我如此诚恳，对方也理解了我。最后，我们双方达成了一致意见，那就是我写一篇随笔，作为宣传材料。通过这件事情，我也深切地感知到，我再也不会对别人交付的工作无选择接受了。

如果有可能，我希望我接的工作不是那种单纯的委托性的工作，而是能转化为我自己擅长的工作。从现在起，我也会积极地在这方面进行推动，并提出自己的意见，我认为这很重要，也能成为自己工作的风格。

即使微不足道，但如果是自己提出的方案，那就会由自己来主导，责任感也会油然而生。比起仅仅是接受委托，更会拼命去做，会倾注心力，工作的精准度也会提高。虽然可能会花费不少时间，但会呈现很好的结果。

接受工作是一件非常可怕的事情。因为，你有可能被作为商品而消费。工作说到底是和人打交道，有很多的利弊，也因此，你有可能仅仅只是被利用。如果你不多加小心，反复注意，就很有可能会失败。

在漫长的人生当中，有一段时期，你得接受别人所委托的工作，并且拼命去完成。持续不断地做着自己并不擅长的事情，其实是很危险的，既消耗了自己的时间，也承受了巨大的压力。

如果从属于某个组织，就会有不得已而为之的情况。若是被动而为之，那就更加危险了。所以，我们要尽量将命令和指示转化为自己的提案，展示你"最擅长的领域"。

总而言之，从四十岁开始，有意识地去选择工作是很有必要的。

对于委托给你的工作，没必要全盘接受。就好比打棒球，没必要大家都做第四棒击球手，有时候，把击球的机会让给别人也是必要的。

从现在起，我打算不把大显身手当作目标，我将致力于自己擅长的工作。同时，在众多工作中，也有辅助别人成功、给别人提供帮助的工作。

我觉得，我现如今的这种心态，体现了我在这个年龄段的成长。

无论什么人都一定有他的优点。那么，发现这个优点，帮助这个人更进一步地发挥出他的潜能，我们应该怎么做呢？我认为，暗中尽力帮助他，也是工作的一种。培育人不是单方面的，它也会让你自己加强学习，其实，这也是在培育你自己。

19

一切都与你息息相关

每天晚上七点或者八点和家里人一起吃饭,十点左右上床。每天五点起床,每隔一天要去锻炼,快走十千米,然后八点去上班。这种规律的生活对于我来说,是非常重要的工作之一。

"健康管理是最重要的工作。"

这种想法是在我快四十岁的时候,开始根深蒂固的。那以前的生活可谓乱七八糟。

二十来岁的时候,我经常往返于日本和美国。打打工,逛逛街，生活过得昏天黑地。

三十来岁时，我终于开始了自由职业者的工作。现在，回过头来想想，当年似乎一天也没有休息过。因为，我有了家庭，刚有了孩子，不工作就没办法生存。同时，我也很喜欢我的工作，热衷于我的工作，甚至还有过连续两天玩命工作不睡觉的情况。我还算比较幸运，没有因此而倒下。不过，那时候的生活节奏绝对是无比错乱的。

随着没有规律的生活节奏不断持续，我也渐渐发现自己的消耗特别明显。不仅仅是身体的消耗，精神方面也到达了临界点。同时，工作质量也大大降低。

年轻人感性，有热情，但没办法持续。对于自己的这种情况，我通过反复思考，觉得还是必须回归到有规律的生活。

重视这种有规律的生活方式，我主要受教于我的父亲。

我父亲是一个对孩子比较放手的人。我想去培训班，他会让我去；我想去学算盘，他也会让我去学。他从不会说"要更努力一点儿""要考一个好大学"。

父亲认为："与头脑聪明相比，身体健康更重要。"在我的记忆当中，父亲对我的表扬，是我好几次拿到了全勤奖[1]的时候。

父亲是昭和[2]时期的人。他的人生就是拼命工作，比起在家里教育孩子，他更重视言传身教，每天让我们看到的都是他认真工作的姿态。

父亲经营了一家小公司，主要是修建天线台和烟囱。他建造了很多高楼大厦，当然，这也是在日本经济高速发展时期所发生的事情。

父亲他们会全日本到处跑，在工地一待就是好几个月，然后清理现场。父亲最宝贝的东西就是他建设的高塔、烟

---

[1] 在日本学校，如果一个学期没有请一次假，每天都到校学习，学校会给学生发全勤奖。
[2] 昭和天皇在位时使用的年号，1926年12月25日—1989年1月7日。

囱和天线台的相片。他都仔细地把这些相片用相框装好，没事就会抬头去看看。一共有几十个，也没有做过多装饰。但是，我想这对于父亲来说，都是他的骄傲。

由于工作的关系，父亲一般都不在家。在我的印象当中，他开始一直待在家里是在我上中学的时候，一直到他四十岁中期，都是他的鼎盛时期。

父亲经常一个人奔赴区县的建设工地，然后，把当地一些游手好闲的年轻人集聚在一起，把他们打造成工匠，和他们一起着手工地的工作。我想这主要是因为当年在安全基准以及规则制度上没有现在这么严格，所以，父亲才这般辛苦吧。

把一群无所牵挂的单身汉集合在一起，我想，父亲工作的时候也是谨慎小心的。但是，由于是高空作业，自然也伴有危险。一天，工地发生了事故，一个年轻人不慎死亡。父亲觉得他应该对此负责，最后，关闭了他的公司。

我感觉父亲身体里似乎被抽掉了什么。虽然那之后他也会去帮朋友的公司干活，但是，我一点儿也感觉不到他的那种强有力的意愿和热情。值得庆幸的是母亲开了一家麻将馆，生意做得风生水起，比较成功，所以，家里的生活也并没有变得太清苦。但是，我能感觉到父亲的负罪感，这也深深刺痛了我们这些孩子幼小的心灵。

虽然没有工作，父亲还是会早早起床。即使在家里，也穿戴整洁，在规定的时间和家里人一起用晚餐，保持非常规律的生活。估计那是父亲保全自己的方法，也是他给自己增加的工作。

在我三十多岁非常繁忙的时候，我会突然想起曾经的父亲。因此，不管多忙还是多闲，我都会在我力所能及的范围内严守规律的生活方式。

孩提的时候，我也被父亲训斥过。那是因为我说："这和我没关系！"

父亲非常生气，他训斥道："世间发生的事情，一切都与你息息相关！"

父亲对于眼前发生的事情绝不会视而不见、充耳不闻。他虽然不会过多地给予别人关照，但是，他绝不会不理不睬，装作没有看见。正是由于他的这种性格，所以，对于发生的上述那个事故，他觉得怎么赔偿也赔偿不完。

"任何事情都和自己息息相关！"

自从发生那个事故以后，父亲碰到别人提起这事，都会这样说，从来没有听到过他做一次解释。我想，父亲是想堂堂正正地面对这个世界，不想逃避！不管是好还是不好，都去坦诚地面对。父亲不愿意成功的时候就抬着头说"是我做的"，失败了就低着头说"这和我没关系"。在人世间，如果你不以一个当事人的姿态去参与这个社会，去相互关联，我想你就没办法作为社会中的一员而自立于天下。

一些人无论对什么都喜欢说："这和我没关系。"我想，只要你这么说，这就说明这件事对于你来说到此为止。同时，由于你的毫不关心，对你来说也没什么太值得害怕的事情发生。也就是说，经常将"这和我没关系"挂在嘴边的人，在处世态度上，不是一个太积极向上的人。

对于所有的事情，如果都以一个当事人的态度来关心，那么他会时刻注意将自己调整到最佳状态，在各方面都做

好充分的准备。有规律地生活，是做好这一切的最基本要求。时刻保持旺盛的精力，我想这也是获得信任的第一步。

规律地生活，你就会有自己的时间。有了自己的时间，你就可以很好地给自己充电，可以认真地思考问题。同时，这也是输出的开始，也就是说，才可以将自己的所学所想贡献于社会。

三十五岁前，我的人生理念是"努力工作"；三十五岁后，变成了"好好生活"；现在，又变成了"生活＝工作"。

对于这种变化，我自己也觉得意味无穷。

20 永远坦诚以待

对于一切,我们都应该无比坦诚。

如果你抱着"一切都和你息息相关"的生活态度,那么我想你需要无限坦诚。

如果不坦诚就学不到知识,就没有机会,也没有精彩的相遇。

不坦诚,就等于是故步自封。

丧失了坦诚,你的成长就会止步不前。

决定一个人是否年轻，是否朝气蓬勃，我认为，不是看他的年龄，而是看他是否坦诚。

现在，对于什么事情都视而不见、毫不关心的人越来越多。

有人说，只有小孩才会对所见所闻坦诚地表露出他们的感动。

那么，是否所有的人对一切都会毫不关心呢？答案显然不是。对于自己的事情，不是毫不关心，而是特别关心！这种人，我认为大有人在。

对于自己的事情，他们觉得很特别，觉得很了不起，觉得兴趣盎然，只有自己一个人知道，那太可惜。所以，他们会通过 Twitter，或者 Facebook，向全世界展示自己的生活点滴。

所谓SNS[①]是指"社会性网络服务",但是,如果要说每个使用者都是社会性的,这不得不让人产生怀疑。因为,很多人都喜欢通过展示自己的事情和别人沟通,对别人的事情却毫无兴趣。

对于所有的事情,都希望自己掌握发言权——如果这样的一群人集结在一起,都在互相发送信息,那么,谁来接收信息?

在自己的故事中登场的人物,有时候会是一起吃过饭的朋友,有时候是一起去参加了活动的恋人,有时候又是一起庆祝生日的伙伴们。乍看之下,生活确实丰富多彩。不过,如果缺乏坦诚,对自己以外的事情都漠不关心,那么,登场人物只会变成舞台装置,只会是一个小小的道具而已。太过以自我为中心,只沉浸于编织只有自己出场的故事,独自为故事着迷,这远远不够,我们一定要争取做到让别人来阅读你的故事。

---

① Social Networking Services,为旨在帮助人们建立社会性网络的互联网应用服务。

可能会有人说，这样做，那不太委屈，太没有意思吗？

对于我来说，比起讲述自己的故事，我更愿意倾听别人的故事，我对别人的故事充满好奇。

一个人能不能对别人的故事感兴趣，能不能非常坦诚地接受别人的故事，我感觉，能够根据他读不读书判断出来。

也许有人说，读书习惯的有无和年龄有关。事实上，据说 40% 的大学生是一个月一本书也不读，而且很多年轻人对于自身以外的事情丝毫不感兴趣。听到这些，看到这些数据，确实不禁令人唏嘘。

对我来说，读书也是一种让人变得坦诚无限的体验。因为，那是一种让人坦诚地倾听别人故事的最好体验。

看书的时候，你会很容易成为一个接受者，接受作者的主张。

有时候，你也会放下书本，一边和自己对话，一边享受读书的快乐。

通常读书可以说是"为了学习而读书"，因此，需要坦诚以待。读到了自己以前不懂的问题，你可以直率地发出惊叹声："哦！"读到了和自己不同的意见，你可以说："原来这样！"读到了自己想也没有想到的问题的时候，你也可以充满好奇心地说："为什么？这是什么？怎么会这样？"

这不仅仅只限于读书。

对于世间的人和事物，不可以单凭自己的知识、先入为主的观念，或者别人的意见、观点来简单地判断。对于亲眼所见、亲耳所闻、亲身所感的事情，我们很容易按照自己的尺度或者价值观来评判它的好坏，决定我们的喜好。但是，这样往往会让我们产生偏差。关于下判断，为了让人一时安心，有时候没办法不得不去断定，但是，我觉得还是应该坦诚地听从心语，再做决断。不要太过于当机立断，把问题马上丢进垃圾桶。只有这样，你才会给自己打开一扇大门，看到更远更美的风景。也只有这样，你才会不断地接受新事物。

也许有人担心："什么都坦诚地接受，那不会受骗上当吗？"我想，不考虑得失，首先坦诚地去接受去相信，这将成为你的一次经历。结果即使是失败，不知什么时候，它一定会变成你的成功基石。

另外，也有人担心："什么都接受，那么，会不会失去自我，变得没有主见？"我认为，这是杞人忧天。你可能会受伤，可能会体会到酸甜苦辣，但是，人生不可能永远都像崭新的物品一样，总是熠熠生辉。

这些酸甜苦辣，经过自己的咀嚼，经过自己的消化，才能转化成自己的血肉。坦诚接受的知识，一定会变成你自己独具风格的知识财富。

所谓自己的咀嚼、自己的消化，是指你的反复思考，是指你在遇到困境的时候，反复推敲，反复探索。这看起来好像是一个人的工作，事实上，在这个过程当中，肯定要借助别人的帮助。

不管你是否感知到，都肯定有谁对你伸出过援助之手，肯定有谁开启过你的智慧之门。

"对你伸出援助之手"，不仅仅只是指具体的帮助；"开启你的智慧之门"，也不仅仅只限于具体的方案。

当你一筹莫展之时，如果有谁在早上非常爽快地和你打声招呼"早上好"，也许你就会感觉如沐春风，心情明朗。

当你觉得知识水平不够，遇到困境时，如果家里人和你唠唠家常，也许这就能成为开启你智慧大门的原动力。

基本上没有只依靠自己一个人的力量就能完成的事情。我们的成长、我们的成功都是在别人的帮助、别人的给予、别人的支持下才得以实现的。

如果这样想，我认为，你也就会自然而然坦诚地接受所有人。

我希望人和人的交往，都能够赤胆真心、坦诚相见。

对于眼前发生的事情，绝不逃脱，绝不视而不见，绝不冷眼旁观。

永远坦诚以待，那么，对于任何事情，你都会主动关心，永远将自己作为一个当事人看待。

我认为，如果不是当事人，你就不会编织出真正属于你自己的故事！

21

不要过于开动脑筋，要尽量走心

有一次，我要采访一位料理专家。我和一位年轻的编辑一起讨论准备采访的事宜。

年轻的编辑非常紧张，但是，他的准备工作做得让我意想不到的完美。

他准备的材料就像脚本一样："首先，我们这么说，然后请料理老师谈谈他对这种料理的看法，接下来，我们提问……"总之，这位编辑的材料准备得非常充分。包括料理老师经常使用什么调味料，所有能想到的，他都做了仔细的调查。

因为他把资料收集得非常丰富,即使不拜访料理老师,似乎都可以明白制作料理的秘诀。

不过,他缺少了至关重要的东西。他的准备里只有细节,却没有核心,没有热情。

我一直跟他强调:首先,我们一定要让料理专家明白我们为什么找他。

接下来,我们到底想从料理专家处知道什么。简单地把要点告诉料理专家,后面的一切都拜托给专家即可。要明白料理要诀,这需要时间。我们静候专家的答案即可。在这之前,我们没有必要做准备。

我在接受各种工作的时候,经常会问对方这样一个问题:

"为什么要选择我?"

这是我最想知道的,也是最重要的问题。

选择我的理由,可以是复杂的,也可以是非常单纯的。

"我对您感兴趣。"

"我读了您的书。"

这种回答就足够了。知道了选择自己的理由,也就能找到自己在哪个方面可以发挥作用。

对于我来说,我为什么很有必要?你对我有什么要求?你得明确地告诉我。我认为,所谓用心应该是把心思用在这些地方。

我经常会说:"我们不要过于动脑筋!"

甚至,我自己都觉得我过于神经质,过于喋喋不休。

我认为,没有准备,傻乎乎,不太动脑筋,只有这样,才会更自然而然地倾心专注。

如果不倾心专注,人家不会和你积极配合。

下面有两种拜托专家时的说法。

一种说法是:"大家对老师的料理评价很高。您特别注重的煮鲜汁汤用的海带、鲣鱼片真是美味，您做的鲜汤广受好评，所以，请您一定得教教我们做这道菜的秘诀。"

另一种说法是："老师，我很想拜见您，请您一定要给我一次机会，让我见您一次就好。"

这两种说法，你们觉得哪种更能体现一个人的倾心专注？

表现出一副精明干练的样子谁都可以做到。但是，这又能做成什么？摆出一副你已做好了各种准备，一心只想探寻正确答案的架势，只能拉开你与别人的距离。

我们太过于追寻答案，类似于定点瞄准希望获取正确答案一样，太过于投入。

去一个从未去过的国度，谁也不会迷路。因为，只要你跟着手机导航，就能用最短的时间到达目的地。

到了目的地，你可以去大众评出的最美味饭店。可能，确确实实会很好吃，不会有失败。

对于已经知晓的，再一次进行确认，这可能就是旅行。没有新发现，也能享受其中的快乐。

只考虑防备失败，总保持一种严守防御的姿态，这可能和人际关系相同。一方面，你不想做得过分而伤及对方；另一方面，你也不想被人伤害而做防御，只能说一些不痛不痒的话。即使是家人，甚或恋人、亲友，都没办法做到毫不防御。你会绞尽脑汁思考，只说一些该说的，避重就轻。

和人交往，也是在寻求正确的答案，所以，很快你就会断定自己是喜欢还是讨厌。

朋友也分为两种，一种可深交，另一种不可深交。对于异性，也应以最快的速度来评判，可以成为恋人，不可以成为恋人；可以结婚，不会结婚；等等。

这种做法确确实实不会有所伤害。但是，对于我来说，这太没有意思，也总觉得缺少点儿什么。

这就如同好不容易去了一趟海边，你却害怕淹死而不下水游泳，只是穿着漂亮的泳衣躲在遮阳伞下。

追寻正确答案的心情，我非常能够理解。我想，你也能获得对于现今的你来说最好的答案。

但是，随着时间的推移，最好的答案会发生变化。接下来的瞬间，可能会出现新的"另一种最好的答案"。因此，我认为，**与其预测正确答案，还不如没有防备，去追求"更美好"来得更稳妥。**

不要怕受伤害。不加戒备，不加防范，这样，我们的未来就会出现很多种可能。

当然，其中也会有风险。但是，我认为，如果你希望寻找到更丰富、更新颖、更幸福的生活，那么，我们可以运用的方法就只能是，不要太动脑筋，要尽量地走心。

面对风险，迎头而上，你一定会有收获。

失败并不等于终结。

打碎一个旧世界，才能建设一个新世界。

朋友们，我们一起试试看，不要过于开动我们的脑筋！

22

一筹莫展也挺好的

不管是谁，都会有低谷。不管怎样做，总会有不顺畅的时候。它会影响你的人际关系，也会导致你萎靡不振，丧失信心。

人类作为一种生物，心灵和身体自然会有高低起伏，会有疲劳之时，也会有生病之际。我们很多时候要受控于环境的变化，另外，对于纷繁复杂的现实也会束手无策，疲惫不堪。

不过，这是任何人都会经历的事情。所以，最重要的是我们在低谷的时候，要知道如何安慰自己的心灵，如何跨越障碍，突破困难。

如果一年你会感冒一次，半年会吃坏一次肚子，那么你会准备好应对这些病症的常备药。与此相同，在我们跌入低谷的时候，也应该有所准备。

当我工作不顺，坠入低谷的时候，我一般会从这种旋涡中走出来，去思考和这项工作完全不同的另一项全新工作。和眼前的事情隔开一段距离，放空自己的心灵和大脑，将一切归于零，再去想想到底想做什么，到底关心什么。对于我来说，其结果好几次都是：这种意象训练给了我精神上极大的帮助。

"如果要做一本新杂志，那到底应该做一本怎样的杂志？"

"做怎样的杂志，才能满足人们自己还没有感知到的需求？"

当时，我所想到的就是"周末"这个概念、"weekend（周末）"这个词语。因为，周末休息是每个人的权利，所以，想到这个词的时候，我兴奋不已。

不过，这顶多也就是一种想法。为了制作一本以"weekend"作为主题，关乎生活方式的杂志，我苦思冥想，将我的想法、想到的词语，如写生一般写在纸上，不断地修改自己的构思，犹如孩子玩游戏一般。

在周末希望制作什么样的料理？在周末能够开展什么样的兴趣爱好？在周末穿什么样的时尚服饰？在周末怎样出行或旅游？周末的休假，和谁，将以一种什么样的方式去度过？凡此种种，在我的脑中一一浮现。总之，以"weekend"为关键词，我将能想到的都做了模拟实验。

当眼前的现实工作处于低谷的时候，我也以这种游戏的方式来享受低谷生活。你越享受这种生活方式，就越会思如泉涌，想到越来越多的点子。以"weekend"为契机，你会发现一个又一个其他的主题。

在你烦恼、痛苦的时候，试着从那个旋涡里走出来，想想能让你快乐的事情。即使是百无聊赖的事情也可以，反正能让你自己高兴即可。这样做后，你会变得很有精神，希望也会油然而生，心情也会豁然开朗。换言之，你回归了自我。回归自我是对消耗的能源的一次充电。总之，目的在于恢复你的好心情，消除你承受的压力。

这只不过是一个例子，是我的一种喜好。大家各不相同，采取的办法也千差万别。

关键在于挖掘你自己的兴趣爱好，开始一份新的工作。这份工作要和给你压力的工作没有关系。或者，你得改变看待问题的角度。

这不是逃避现实。这只是你利用哪怕是一天的时间和眼前的现实隔开一段距离，改善你和你不得不要面对的现实生活的关系。

我喜欢这句话："退一步海阔天空！"

不管是生活还是工作，在遇到"瓶颈"的时候，不管你怎么努力，都有可能突破不了。永不言弃固然重要，但是，你会身心疲惫。

很多时候，不管你怎么挣扎都无法挣脱，因为它需要时间。

一筹莫展的时候就想："一筹莫展也挺好的。"退一步，更容易看清事实，就当是给自己放假。

放松自己，好好享受这种困境！

23

能帮你的人才是人脉

我的祖父是一位见多识广的人,他很有思想,他的人生也波澜壮阔。

他给别人做了许多好事,同时也给别人带来了许多麻烦。

他既有一掷千金的风光时候,也有身无分文、贫困潦倒的时期。

对于这样的祖父,他一生当中永远不变的魅力到底是什么?现在回过头来想想,应该是他对人一视同仁,不分高低贵贱。

祖父不会因为对方是地位显赫的人，或者是对自己有利的人、自己喜欢的人，就对他献媚、以贵宾之礼相待。不管对方是什么人，他都不会区分高低贵贱，都会热情对待。

每次去祖父家玩，都能见到从没见过、从没有听说过的一大堆人。

有时候，年幼的我也会问祖父："爷爷，那人是谁呀？"

祖父会回答："啊，他呀，会在我们家住一段时间。"

其中，有离家出走的年轻人，有由于什么事情被人追赶的人，还有抛弃家庭逃走的人。对于这些居无定所的人，祖父都会以一种平和的心境接纳他们。将他们藏匿起来，给他们吃，让他们住，关照他们。对于离他而去的人，他不追；对于投奔而来的人，他不拒。

有很多人来借钱，祖父总是慷慨大方，予人方便，借给人家要求以上数目的钱。家里财力丰厚的时候，自然如此。即使后来家里经济状况越来越吃紧，他也没有什么变化。我想，当年祖母绝对受不了祖父的这种慷慨大方。

"你把钱这么轻易地借给别人，谁还过你？"

祖母为了返还借款，好不容易筹了钱款回到家里，祖父却转个身就把这笔钱借给了别人，对于现实的女性来说，谁都会发牢骚。

两个人争执的话语中，有一句深深刻在我的心中，那是祖父的言语。

"帮助有难的人，应该是首要的吧！"

祖父就是以这种生活方式度过他的人生的。正因如此，祖父到了晚年，我们家即使为钱所困，生活上也还是没有出现太大的困难。只要祖父开口，就会有很多人来帮助他。

我祖父绝不是一个人人都喜欢的人。说得透彻一点儿，是因为他很在乎人家，所以，才获得了人家的爱。他是一个时时保持微笑、不忘感恩的人。他不是一个钱尽缘尽，只追求浅淡交往的人。

不考虑得失，不追求回报，只求尽快发现世间的问题，并加以解决，去帮助别人，这是祖父自己的能力，也是他人脉的基础，更是他对社会的贡献。

如果你没有能力帮人，那么你就形成不了自己的人脉关系，也就无从开展工作。反过来说，如果你拥有了帮助别人的能力，那么你也拥有了自己的人际关系，你也就能顺利开展工作。

从祖父处所学到的这些，已经渗入我的灵魂。

平常，在你的生活和工作中，你帮了人家多少，我想，这会决定人家将帮你多少。

能帮你的人才是人脉。认识的人、打过照面的人，不管有多少，都形成不了你的人脉。

另外，在你遇到困难时对你伸出援助之手的人，不一定就是你的好朋友，或者是和你合得来的人。在人与人的关系中，我认为，有超越个人喜好，只追求心灵感动的深层次的东西。

所有和你相识的人都会和你有某种关系。可能是组织上的关系，也可能是你的好伙伴。总之，有某种必然存在的理由。

我总觉得"缘分"这个词说不清，它就像一根不可思议的线，将人们串联起来。

说起来，我也很惭愧。其实，有很多人我也很不会和他们打交道，也有蔑视对方的时候，也有极其讨厌对方的时候。

同样，不喜欢我的，也大有人在吧。

对于自己觉得难打交道的人，我也并不想勉强自己去喜欢他们。但是，至少我尽量不去逃避。越是难打交道，我越是要尽我所能去和他们接触，让对方了解我。

对于不得不打交道的对象，与其避而远之，或者恶言相向，我认为，承认对方的存在、尊重对方的做法更好。

说不定，通过什么契机，你们能够做到互相了解。你们最开始只不过是由于先入为主的观念或者是误解，把对方设想成了某种人。

我认为，在构建人际关系的时候，我们要有一个前提，那就是要提醒自己，自己对对方了解得并不多。

我也是最近才有这种想法的。回想起来，应该是年幼的时候，祖父给了我极大的影响。

抛开自己的喜好或厌恶，构建人际关系，我认为有以下两点非常重要：

一、要信任对方；

二、不管发生了什么，要有一颗包容心。

只有相信对方、包容对方，才能构建关系。

有人可能会将"相互容许"误解为"相互勾结"。但是，容许其实就是接纳对方的一种形式。

人类都很弱小，不完美。大家都是在痛苦、烦恼的过程中求得生存的。如果你总要去寻找什么是正确的，什么是完美的，然后又徘徊犹豫到底选择什么，到底舍弃什么，那么，你永远也找不到正确答案。大家都是在这无边无际的疑惑中，一点点学习。既然学习的主体是人，那么，我认为重视人才是最为必要的。

知道双方都有不尽善尽美之处并相互理解，那么，喜好、厌恶之谈也自然就微不足道了。对方与我方的分界线也会自然消失。

这样，不管怎样的人，我想你都能够接受了。

难打交道的人对你来说，是一个能教会你许多知识的老师。

如果这样想，你会重视所有的人，也能学会去爱人。

24

比喜欢或厌恶更重要的东西

"这个人，我跟他处不好，我怎么也没办法喜欢他。"

很多人都苦于自己的人际交往。他们往往会说"这个人很难打交道""这个人我从心底讨厌""我不喜欢这个人""我和这个人的想法不一样"，等等。

在公司里、工作上和你打交道的人当中，自然会有人和你合不来。因此，在处理人际关系的时候，我尽量做到不让自己的感情控制自己。因为，对于我来说，这些人是否重要，跟我的喜欢或厌恶完全没有关系。

对于与我一直以来都保持交往的那些朋友，我通过认真思考，发现他们都有很奇妙的一点，那就是，我对他们，并不一定有很浓厚的感情。虽然我的表情容易导致误解，但是，不知为何，和我交往很长时间的好像都是那些我既不喜欢也不讨厌的人。

他们和我们选择的工作伙伴、爱人、朋友似乎不一样。没有喜欢也没有讨厌，似乎有另外一种感情。这种人并没有给我们特别的东西，也没有和我们产生密切的关联。我们总觉得他们和我们没有什么太大的关系，但是，结果发现在某一点上，我们的价值观都很不常见，很吻合。

一次，一家电视剧制作公司来和我们商谈，希望将我们的店铺改为摄影场地供他们使用。他们可以继续沿用我们的店名，这样也能给我们的店铺带来广告效应。他们是在我们每天关门以后才使用我们的店铺，所以，这对我们的生意也没有什么影响。不仅如此，他们还会支付我们场地费用。一般来看，这对我们来说，全是好处。

但是，我还是拒绝了他们的请求。

我们的店铺沿河而建,非常漂亮,但是,它在高档住宅的一层,楼上住了很多住户。如果不是赏樱花季节或者是挂满了霓虹灯的季节,它都是中目黑①的一个非常恬静的地方,晚上万籁俱寂。

如果剧组要来拍摄,摄影工作人员便会频繁出入,即使小心谨慎,也会吵着住户们。当然,我们也可以征询高档公寓住户的意见,请他们允许我们拍摄,但是我觉得没有询问的必要。

我和我的合伙人商谈了这事,我打算以这个理由来拒绝剧组。他当即回答:"好!"还说:"今天天气真好!"一副云淡风轻的样子。

那个时候,我真的非常激动,再一次感觉到我和他的价值观相同。生意人当中,没有人不考虑宣传效果。当然,这种想法也没有错误。

没有对错好坏,只是单纯的价值观不同。如果价值观不同,我想也不可能共事太久。我们俩在一起工作了十三年。

---

① 东京地名,高档住宅区。

不要把自己的事情摆在最优先位置，这是我和我的合伙人共有的价值观。不管是工作，还是在判断其他事情方面，我们都不会将我们的利益放在最前面。任何时候，我们都是将我们的客户、我们的工作人员，以及和我们相关的人士摆在最优先位置。

比如，我们的COW BOOKS[1]就没有公司规章制度。即使是临时工，在他们辞掉工作的时候，我也会给他们一些离职金。虽然他们在我这里工作时间很短，但是这也算是饯别礼物。虽然，也有人会说"没有必要给临时工离职金""不给离职金，人家也不会说你们公司不好"。但是，关于这一点，我没有和我的合伙人商量，他就点头说："当然要给离职金。"

不优先考虑我们自己的利益，而优先考虑公司以及员工的利益，这就是我们COW BOOKS最开始创立时所定下的规则。

---

[1] 由作者和他的合伙人创办的书店，该书店因为他撰写的《最糟也最棒的书店》而声名大噪。

谈到价值观，可以说是一种抽象的、虚无缥缈的东西。也正是因为如此，我认为应该使之明确化。

比如，我们在考虑"在自己之前，要优先考虑什么"这个问题的时候，它就是一个标准。

我想，没有一个人会否定"尊重女性，重视儿童"这种价值观。不过，在自己的公司，你的部下要休产假的时候，你能否发自内心地祝贺，并在考虑自己工作的时候优先考虑对方？这又是另外一种情况了。

一边说着"恭喜"，一边内心却在想"在这么忙的日子，你也真会给我捣乱"的人，我认为他们是没有尊重女性的价值观的。

总之，不能和自己共同享受人生喜悦的人，对于我来说，是一个很难长久交往的人。

因为他人的价值观特别难于了解，所以，在和对方保持长期交往之前，应该好好地探明他的价值观，我认为这点至关重要。不管是工作关系，还是男女关系，或者是朋友关系，在超越某个底线的时候，双方需要认认真真地谈谈各自的价值观。

特别是恋爱中的男女，非常容易被感情所牵引。在热恋当中，容易弄错对方的价值观。两人价值观不一样，最开始还能够容忍，但是，随着时间的推移，就会越来越不和谐。热恋总会有退潮的时候。所以，在最初认识的时候，双方有必要认真谈谈自己的价值观。

首先，自己要敞开心扉，要告诉对方你最关切的是什么。

25

珍惜能好好吵架的朋友

一面出着冷汗,一面羡慕得不行。

看别人吵架时产生这样的情绪,始于很久以前,我去一家有名的图片设计事务所的时候。

事务所里两个很专业的、合作了多年的设计师,情绪十分激动地在吵架。虽然当时事务所里还有我这个等着开会的外人,他们俩也不管不顾地争吵。基本上可以说是在相互大喊大叫。

"真是对不起,他们经常这样的。"

助手很慌张，但是我觉得看到了设计创作的真实情况，一时看得出了神。

　　"一定要把东西做好！"两个人像是做着投球游戏一样全力以赴，所以作品也十分出色。他们这种可以像夫妻一样大吵大闹的关系，让我印象深刻，似乎还感到了一点儿嫉妒。

**　　跟与自己长期合作的人持有相同的价值观很重要，但是没有必要连意见都一致。反倒是身边有一个跟自己意见不同的人，才是弥足珍贵的。**

　　价值观与想法和意见是不同的。所谓价值观，是深层次的，是决定一个人言谈举止的基本要素。而意见和想法不过是众多方法中的某一种而已，在不同的时间和场合很容易发生变化。

　　人在成年以后，会丧失掉一些变通性，所以，最好去接触那些不同的意见，让人彻头彻尾地敲打一番、塑造一下。

然而，随着长大，人不知为何总是会排斥那些跟自己不同的意见。长此以往，一个组织、团体的意见就会单一化，进而变得越来越僵化。

那些处事比较强硬的上司喜欢排挤和自己意见不相同的人。在下面当差的人，由于也担心被排挤，所以，他们会调整自己的意见，和上司合拍。因此，很难出现很好的想法，公司也就鲜少变化。

现在，我的工作是为公司面试和选拔新人，我会尽量吸收那些持有不同意见的成员进入我们的团队。

意见不同就会发生碰撞，发生碰撞就是检验意见本身是否合适的最佳方式。就算结果还是强行执行了自己的意见，让别人发表不同意见，还是会在某一天你停下来思考的时候，让你的决策变得更佳。噪声也有噪声的价值。

跟那些持有不同意见的人争论，有时候会像是吵架一般。

我基本上是不喜欢争执和吵架的，但是即便如此，我在跟那些越线了的人对峙的时候，仍会觉得，即使有碰撞也没什么，甚至可以说有碰撞会更好。

不管是在工作上还是在私人事情上，跟比较珍惜的朋友交往的时候，我希望能碰到那种会在某一点上能跟我有碰撞的人。

"不管怎么样都希望能得到你的理解！"

"无论如何都要告诉你！"

之所以会爆发出这种想法，是因为对方是你在乎的人。如果对方是无关紧要的人，就不会有这种心情了。因为撞到了肩膀，或者是一言不合而发生的"吵架"，跟我说的"珍贵的争吵"截然不同。

我小的时候，每周都会跟朋友吵一次架，而对方一定是跟我关系很好的朋友。吵架并不是因为讨厌对方，而是因为想让关系变得更好。吵到两个人都哭起来，像是小狗一样变脸，直到精疲力竭两个人都累了，说"咱们算了吧"才罢休。

不可思议的是，我们吵完架以后，往往关系会比吵架之前更好一些。通过各自变脸从对方那里吸取到的信息，才是最完整的，这样会更加理解对方。因为吵架时，彼此在感情上毫无遮掩。

长大以后，虽然不会再变脸了，但是还可以为一些比较有意义的事情吵架。

关于吵架，首先需要的是互相之间的坦诚。卸下伪装和客气，展示自己的本心。即便意见不同也不胆怯，要堂堂正正地提出来，这样才能知晓对方的优点和不足。虽然有时会揭示出价值观的不同，但是大家也可以选择各自不同的道路。

还有，对争执的结果进行思考也是很重要的。

我参加摄影比赛的时候，很喜欢赛后"NO SIDE"这个标语，它指赛后大家都是朋友的意思。

争吵不会永远地持续下去,总会有结束的时候。它不是摔跤或者拳击比赛,需要一方叫停,明确分出胜负之后才能结束。

我见过有人在争吵的时候,也让人觉得非常优雅。他们在争吵的时候,会自己说出"NO SIDE"。他们既不会使出绝杀招,也不会穷追不舍,而是一定会给对方留有余地。

确保给对方留有余地,才能说出"NO SIDE"。这才是真正难能可贵的争吵。

这种难能可贵的争吵,超越了胜负,是自己与对方在心灵上的一种爱的碰撞。

使出绝杀招,往往会损伤对方的颜面,伤害对方的尊严,从而使憎恶与仇恨滋生。这种争吵既不会磨合彼此的意见,又不会加深彼此的感情,更不会让大家提出什么好的方案,反而会招致复仇这种可怕的情绪。

人类是很脆弱的,所以才会虚张声势。即便是平时很绅士、很中庸的人,被逼急了,也会急于展示自己的力量和正确性。

在这种时候，可能会出现压倒性的胜利，会分清楚黑白，会一目了然。然而人生中并不会有永远的赢家。如果说无论如何都要分出个黑白，那么让对方来做结论，即便觉得自己胜了，也要把评判胜负的权利交给对方。请记住，争吵的目的是改善关系。

至于那些吵了架会生出险恶之心的人，我们聪明的做法，就是不与其争吵。

26

时间无法衡量缘分

　　我不认为长期交往的人才是有缘分的人。也有很多情况，受到对方很大的影响，被对方无法抗拒地吸引，在当时都觉得彼此有一种磁铁一般的吸引力，可惜却没能长期地交往下去。

　　并不是双方的关系发生了什么问题，只是不再与对方联系了。

　　曾经十分喜欢过，等意识到的时候却已经彼此疏远。

　　缘分就是这样神奇的东西，我觉得不是可以掌控的。

人与人的关系是需要努力维持的。努力了也依然不能维持的，就是无法维持的关系。

"明明有缘分，却不知道为什么总是不顺利"的时候，我觉得不应该按照自己的意愿去勉强维系这份缘分。因为那时候自己的意愿，大多都是自私自利的。

在关系加深的时候，是应该更进一步，还是应该维持现状呢？

在关系变淡的时候，是该想办法制止，还是应该放手呢？

如果可以，我认为应该互相审视，顺其自然。即便时间很短，在一段亲密关系之中，如果可以互相学习，不能说这没有缘分。缘分确实是有，但是需要安静地说："以后再会。"

缘分不能用时间来衡量。长期的交往不代表就是好的缘分，交往时间短也不能证明就是坏的缘分。只有人类，生存在各种各样的缘分之中。而且，我们毕竟还有再次聚首的时候。

回想一下，缘分短暂，很快就结束的关系有两种。

一种是不付出感情的关系，彼此之间是互相利用的关系。

"跟这个人在一起的话，可以看到我未曾见过的世界。"

"我想要从他这里获取知识。"

也有一些为一个人的魅力和美貌所吸引的情况。虽然不至于到计算得失的地步，但不管是对哪一点有目的，都会导致关系不长久。

还有一种关系是双方的付出不均衡。

一边付出得多，却不能从对方那里得到什么，缘分便多会终结。因为，这种关系在给予与获取之间未能取得平衡。最初的时候，你兴致高昂不在意，然而长年累月积累起来，将会成为彼此沉重的负担。

给予的量也就是感情的量，理想状况下，双方应该不多不少相互等量。互相之间感情相等，互相之间给予与获取的量相当，这对于双方来说，才是最轻松、均衡的状态，关系也才能长久。

由于感情的给予和获取的量不等而导致缘分不能持久的，尤其适用于男女关系。当然，在公司的职员之间，还有朋友关系、上下级关系，甚至亲子关系中也有这种情况。

当你感觉，感情上的给予与获取的量不相等的时候，你却很难衡量这种量的多少。你既可以模糊地把温柔以待算在其内，也可以非常体谅地将一些东西视而不见。

总之，你要一一去考量，很难，也很可怕，甚至让人痛苦难耐。

即便你经过了一番努力，尝试着去考量，去计算，有时候却什么都计算不出来。

正因为如此，人生之中缘分和感情的多少，我觉得不必太在意。因为到底能接受到什么程度，这个心理容量的差别经常会随着感情的变化而变化。

有些缘分就是无法持续，感情的多少也不能衡量。

也许有人会觉得这么说让人很绝望，但是，为了不绝望，我认为人类只有接受孤独这个前提。

我认为自己应该认识到孤独是生存的条件。

每个人都是孤独的，因此才能明白缘分和感情的复杂之处，才能明白同样孤独的人的心情。感情由此而生，温柔也由此而成。

正因为每个人都是孤独的，才应该对在这个世界上遇到的与你价值观相同的人、能作为合作伙伴来信赖的人心存感激，倍加珍惜。

27

亲密关系禁不起疏远

人与人之间的羁绊可绝不是强韧的钢丝绳！

但是，对于这种羁绊——对于这种"钢丝绳"，我们发生了误解。我们误以为无论怎么拉扯，动作如何粗暴，任其风吹雨打，也不会断开。

我们认为这种羁绊是绝对没有问题的牵绊。

正是因为有这种想法，我们才会跟我们最珍惜的家人和关系亲密的朋友疏远。

那条"钢丝绳"一点都不强韧，它很纤细，很容易断开，也有可能会解开。

"我们交往的时间这么长了，不说也会懂的。"

"我们关系这么好了，这点儿事情能原谅的。"

仗着彼此之间的牵绊恣意妄为，不知从什么时候开始，你们的关系就会同最初的样子发生变化。

长期交往的伴侣或者夫妻，由于觉得可以随意，所以，在感情沟通以及如何度过二人世界上没有那么上心，觉得无关紧要。

也许不是所有伴侣都如此，但是，也有不少伴侣在最初的三年左右关系都很密切，但其后的岁月多是名存实亡或者因着惰性而维持关系。也有时候，会觉得本来很了解对方的心情，却突然发现已经发生了变化。

因为变化就是成长，所以人的变化越大越好。而**人的**

关系也会随着人的变化而变化，所以今日的交往方式没必要跟前一天相同，反倒应该发生变化。正因为这样，为了保持深刻的羁绊，彼此之间都需要付出努力。

重新审视一段关系是一件很可怕的事情。即便是夫妻，在发誓要相守一生的时候，双方都相当契合，但是也可能随着各自的变化而出现两个人不合拍的情况。

两人发生了变化，导致分别，虽然让人悲伤，但如果无视变化的事实，勉强在一起会更让人伤感。夫妻之间有各种复杂的情感交织在一起，我知道如果什么都在意那是很痛苦的，所以产生放弃之心也是没办法的吧。但是，夫妻之间也有一些绝不能忘掉的重要事项。虽然可能听起来比较严苛，但是在相处时彼此必须要表达相互尊重。这些要一直体现在你的态度上、你的说话方式以及行为上，要对对方表示足够的尊重。

越是重要的人，越要去了解对方的变化。然后，随着变化来调整彼此的关系，这样，才不会发生什么悲剧性结局。对对方丧失掉好奇心是非常自然的过程，但是，正因为这样，才需要换新的角度，努力去维持对对方的好奇。

不断发挥想象力，不断去考虑对方的感受吧。

"他现在是怎么想的？他最喜欢什么？"

要把好奇心和关心放到身边的人身上。在此基础上，还要用语言表达出来，加强交流，这才是对亲密关系的最好的维系。

老夫老妻一个眼神就能让彼此心灵相通，那是经过长久岁月的洗礼，经过夫妻间不松懈的相互尊重，经过不断的细致交流，才形成这种心有灵犀一点通的。

我们和家人的关系也是亲密关系，虽然有血缘关系，但还是需要相互之间在感情上的维系。

我的父母秉承放任主义，再加上我早早地就独立了，所以我们的关系谈不上十分密切。

"不管怎样都是亲子关系，所以一两年不见也没什么的。"

长年以来我一直这么想，然而那根本就是幻想。我突然发现跟父母之间已经开始彼此客气起来，变得彼此疏远。

随着我年龄的增长，父母也渐渐老去。意识到这一点的时候，我们彼此都开始努力去维系亲子的亲密关系，尽量多沟通，多说多听。

即便是自己的父母，我们也有很多不知道的事情。有时候，他们会让我们吃惊，有时候，他们又给我们惊喜。我逐渐开始期待，以后我们怎样才能营造出更好的关系。

工作之中，对那些可以说是自己人的同事，有人会觉得"因为彼此信任，所以没必要一一解释"。其实，这是很危险的。

彼此放心，相处得愉悦起来以后，都会变得放松起来，交往方式也会变得随意。

一起工作的人，越是那些看起来是自己人的好友，越要有意识地增加交流的机会。

沉默不语，有时会让人不易了解，这也隐含着危机。因为即便彼此有了误解，有了沟通上的障碍，也不会体现在表面上，往往会不了了之，听之任之。

彼此不近不远，相互信赖的关系是让人轻松愉悦的。

但是，我们与其去保持那个距离，不如去缩短彼此的距离。

"那个人到底在想什么？"如果我有一丝不安，我想，对方应该也有同样的担忧。这个时候，就需要马上去对话，去沟通。

维系羁绊最简单的方法，就是特意制造在一起的时间，尽量地去沟通、交流。

如果是工作上的同事，除了开会和工作以外，还要增加你们在一起的时间。特意邀请对方去谈谈，可能会让人感到尴尬，那么，你们可以一起吃个午饭，或者一起出个门，一起喝一杯，然后再各自回家。

我经常做的是，在对方闲暇的时间，找他们聊天。休息的时候，碰到很久不见的人，就会放下其他所有事情，和他们聊聊家常。

人太多的话，会没办法交流。所以，最好是挑对方一个人的时候，拉一拉家长里短。

不管是同事之间还是家人之间，最好不要一见面就突兀地问："你在干什么？""你最近怎么样？"最好去聊一些日常八卦。首先要说说自己的近况，如果你说了自己的十件事情，那么，我估计对方也会跟你聊他自己的两三件事情。

最重要的是，增加待在一起的时间，是你想向他表达"你对我来说很重要"这个信息。

28

时时审视自己

如果你不强大,如果你没有健康的身体,你就没法在这个时代生存!

这是理所当然的事情。但是,这也是我在四十九岁之前,一直奋斗所获得的心得。人生的道路上,你必须要强大,你必须要有健康的体魄。

掌握技能,增加经历,不断提升自己的聪明才智,当然,这些也很重要。

加强锻炼，增强体魄，经常进行健康管理，这些也不可或缺。

但是，仅仅这些还不够。在今后的时代，如同锻炼身体一般，也必须加强心理承受力。这个时代，人将越来越难以随心所欲，自由生活。在生活中，在工作上，安心的环境将更弥足珍贵。

如果我们不够强大，不够健壮，就会被滚滚的社会潮流所吞没，被环境变化所击倒，最后溃不成军。

随着年龄的增长，我们也越来越感到孤独。

比如，有人会不被任何人所需要，孤独地老去；也有人会站在社会的顶端，和其他人拉开了距离，高处不胜寒。

或者，有人会想，我们有了自己的孩子，那么我们就不会孤独。但是，孩子长大后，总有一天要远离你，你也得体会那种作为父母的孤独。

同样，即使你有了共度一生的伴侣，你也没办法说，这就能消除你所有的孤独。

也有人会说："我和兴趣相投的人成为朋友，就不会孤独了。"确确实实，如果你归属了某个组织，那么就会有社团，有集体，你就会感到安心。但是，这种羁绊不能说牢不可摧。这种集体，稍有点儿风吹雨打，马上就会四分五裂，土崩瓦解。

孤独，没有任何人能够逃避。人就是孤独地来到这个世界，孤独地活着，孤独地死去。不管和谁在一起，不管和谁能够心灵相通，人都是孤独的。

也因此，我认为要有一颗能耐得住孤独的心。

当你意识到生存即孤独，愿意去接纳它，那么，你就迈出了变得强大的第一步。这是建立所有人际关系的开始。

孤独绝不是孤立。大家都很孤独，所以，也就能友善相待。只有明白了自己的孤独，才能理解对方的孤独，才能体谅别人，设身处地为他人考虑。

也只有这样，才会有幸福的降临，有丰富多彩的人生。

如果有人问我："对于这种孤独的人生，你穷其一生，最想干什么？"

我会回答："我想让我的心灵工作。"

如果他继续问我："你想让你的心灵在哪方工作？"

我可能会回答："我想让它去理解人。"

人，身处我们左右，我们却不甚了解。对于我来说，人是我最感兴趣、最希望用一生的时间来解开的谜团。去了解，去探究，仅仅这种行为都让我觉得幸福无限。

我不会因为永远解不开谜团而退缩放弃。在我人生的长河中，我希望我能跟着各种人去学习，去接近答案，去稍作理解。

所以，对于遇到的所有的人，我都会去思考。也是为了所有的这些人，我可能才希望让我的心灵去工作。

在所有的这些人当中，当然有我自己。

有一个不可思议的、未知的、孤独的自己。

一直以来，我都只盯着我遇到过的人。我想什么时候，我也应该好好审视自己。

孤独地生活，也可以说是，和你自己这个朋友一起生活。

人生的疑惑，就如同一个没有终结的圆环。

审视自己，也就是不断地问自己："人，到底是什么？"可能，有时候你会很心酸难受，有时候会泪流满面，但正是这些，可能才是人生的终极学问。

我希望，我能时时保有一份好奇心，去探究新事物，去真诚地审视自己，去思考自己究竟能做什么，究竟应该做什么，并能够付诸行动。

结束语

《正直》这个书名，是在某一天，没有任何征兆的情况下突然浮现在我的脑海中的。连我自己都有点儿困惑，还有点儿羞涩。但是，当我盯着"正直"这两个字的时候，我所想到的便是：不管做什么，都要全力以赴、竭尽所能。对于我来说，这决定我的一切。同时，我觉得，文字中的潜台词是：永不服输。

为什么我会想到"正直"？

这主要是因为我辞掉工作了约九年的《生活手帖》总编辑的工作，希望开创一条全新的道路。

目前，我迎来了四十九岁，突然发现自己人生所剩时间不多——虽然这只是自己的感觉。当然，这也许只是我自己的感觉。或许在接下来的二十年里，坚持以前的工作岗位、保持原状，也是一种正确的选择吧。但是，我觉得在全新的《生活手帖》杂志已经形成自己风格的今天，已经产生了新一代干将，我应该将我的岗位以及我的任务交给这些人才，将自己的工作归零。这虽然要冒很大的风险，但我依然选择挑战新的领域。

每天二十四小时，每年三百六十五天为《生活手帖》苦思冥想的我，有一个信念，那就是"要将如何使人们的生活过得丰富多彩、快乐开心，如何使理念更加实用，如何将持家守家的秘诀、新发现，以及智慧、精神传达给大家"。这也是为什么要做料理，怎样才能享受做家务的乐趣的答案。

这就是"正直"，我希望借用这个机会来撰写这本拙作。

我的信念是："为了让所有的人都成为被任何人都爱的人！为了所有的人都成为爱任何人的人！"

我的信念支撑着我每天的生活和工作。我想如果大家读了我的书，应该能够了解我的这一信念。我想这也是作为人的一种幸福。

踏入一个新的领域，我尽量使自己成为一个全新的自我，尽量使自己的思维跟上潮流。我现在拥有的是希望，是不变的信念，是热情，是一颗展现自我意识、坦露真我的"正直坦诚之心"。

二十四小时，三百六十五天，"为了让所有的人都成为被任何人都爱的人！为了所有的人都成为爱任何人的人！"这个理念，我要竭尽全力，拼命工作。这就是对我来说的"正直"。

如果读者诸君通过这本书——虽然阅读它花费了时间——找到自己的"正直"，我将无比高兴。我希望，在接下来的人生道路上，在读者诸君发现了新的机会的时候，"正直"能够成为你们的决胜之宝，能够成为你们的信念。

一边在心中念叨"走着瞧"，一边胸怀梦想和希望，绝不言败，抗争到底。我就是一个这样的人。我想有很多的人和我一样。我想把这本书献给这种人。另外，我也想把这本书献给那些在余下的人生中，仍然不断燃烧自己热情的人。

日本河出书房新社的千美朝编辑倾注了自己最大的热情，将我想表达的"为了让所有的人都成为被任何人都爱的人,为了所有的人都成为爱任何人的人"这个理念编辑成册。铃木成一以及助手宫本亚由美为这本书做了精美的设计,在听了我一个人长时间的唠叨叙述后,铃木毫不犹豫地决定了本书设计的主题和风格,促成了这本拙作的成型。

希望大家在阅读这本书的时候,能够想到为了这本书的出版而付出了努力的他们。

非常感谢!

这本书也献给在我执笔中远逝的父亲!

这本书出版的时候,我可能已经进入一个全新的领域了吧。